LES COVPS DE L'AMOVR ET DE LA FORTVNE.

TRAGI-COMEDIE.

Imprimée à ROVEN, & se vend
A PARIS,
Chez GVILLAVME DE LVYNE,
Libraire Iuré, au Palais, dans la Salle
des Merciers, à la Iustice.

M. DC. LX.
AVEC PRIVILEGE DV ROY.

A TRES-HAVT
ET
TRES-PVISSANT PRINCE
HENRY
DE
LORRAINE,
DVC DE GVISE,
Prince de Ioinville, Comte
d'Eu, Seneschal hereditaire de
Champagne, Pair & Grand
Chambellan de France, &c.

ONSEIGNEVR,

C'est auec vne iuste confusion, que j'ose vous choisir pour le Pro-

á iij

EPISTRE.

tecteur d'une Piece de Theatre, qui ne doit estre considerable que pour auoir eu la gloire de paroistre deuant VOSTRE ALTESSE, & de n'auoir pas eu le mal-heur de luy déplaire. Ie ne celeray point que c'est le dernier ordre que j'ay receu de feu l'Illustre Monsieur Tristan, qui s'est occupé toute sa vie à vous honorer dans ses Ouurages, et qui jusques à la mort a receu des marques de vostre estime, & de vostre liberalité. Il me souuiendra toûjours de la tendresse auec laquelle cét Homme admirable à qui ie doy tout ce que j'ay de connoissance dans les belles Lettres, m'assura que vous auriez la bonté de ne me refuser pas vô-

EPISTRE.

tre protection; & sans doute il ne s'est point trompé, puisque vous m'auez déja fait l'honneur de me dire d'une maniere toute charmante, que vous prendrez quelque soin de ma fortune. Ie ne me seruiray pas icy de la methode ordinaire des Escriuains les plus estimez, qui ne manquent iamais de comparer les Personnes qu'ils honorent, aux Grands Hommes qu'ils introduisent dans leurs Escrits; Ie vous abaisserois sans doute, au lieu de vous éleuer, si ie pretendois chercher quelque rapport entre VOSTRE ALTESSE & le Heros de cette Tragi-Comedie. L'imagination la plus viue & la plus heureuse ne peut rien inuenter qui soit du prix

EPISTRE.

de vostre Merite. Et j'oseray seulement vous dire en vous offrant les COVPS DE L'AMOVR ET DE LA FORTVNE, que vous estes le Prince du Monde le plus accomply, & pour qui l'Amour & la Fortune doiuent faire les plus grands Coups. Vous sortez d'vne Maison si fameuse, que l'on ne sçauroit parcourir l'Histoire d'aucune Monarchie, sans y rencontrer celle de quelques-vns de vos illustres Ancestres. Mais l'éclat de vostre Naissance doit encore ceder aux charmes de vostre Personne. La Nature liberale a pris autant de soin pour fauoriser VOSTRE ALTESSE, que pour former le Grand Alexandre. Ce Conquerant celebre, n'a iamais esté ny plus braue ny plus charmant que vous, & vous ne serez pas vn iour moins renommé, si vous n'estes pas moins heureux que luy. Il est à croire que le dernier peril que vous auez braué, sera le dernier de vos mal-heurs. La Fortune n'est pas moins inconstante dans ses rigueurs, qu'elle est inégale dans ses caresses; & l'on doit s'assurer qu'elle vous sera bien-tost autant fauorable qu'elle vous fut autresfois contraire. I'ose esperer qu'alors vous aurez la bonté de souffrir que j'ajoûte quelque éclat au bruit que fera la Renommée en faueur de vos grandes actions, & que ie laisse à la Posterité des marques immor-

EPISTRE

telles que I'ay tasché pas fait d'estre
toute ma vie auec vn zele peu
commun, & des respects tres-pro-
fonds,

MONSEIGNEVR,

DE VOSTRE ALTESSE,

Le tres-humble, & tres-
obeïssant Seruiteur,
QVINAVLT.

Extrait du Priuilege du Roy.

PAR Grace & Priuilege du Roy, donné à Paris le vingt-huitiéme Septembre 1655. Signé, LE GROS, il est permis à GVILLAVME DE LVYNE Marchand Libraire à Paris, de faire Imprimer, vendre & distribuer par tout ce Royaume, vne Piece de Theatre intitulée, *Les Coups de l'Amour & de la Fortune*, de la Composition du Sieur QVINAVLT, pendant l'espace de six ans, à commencer du iour que ladite piece sera acheuée d'Imprimer; Et deffences sont faites à toutes personnes de quelque qualité & condition qu'elles soient de l'Imprimer, vendre, ny debiter, pendant ledit temps, sur peine de trois mil liures d'amende, & de tous dépens, dommages & interests, comme il est plus amplement porté par lesdites Lettres de Priuilege.

Cette Edition acheuée d'imprimer ce 26. Iuin 1660.
à ROVEN, par L. MAVRRY.

LES PERSONNAGES.

ROGER, Parent d'Aurore.
GVSMAN, Escuyer de Roger.
STELLE, Sœur d'Aurore.
LE COMTE D'VRGEL.
AVRORE, Comtesse de Barcelonne.
LOTHAIRE, Comte de Roussillon.
DIANE, Sœur de Roger.
LAZARILLE, Escuyer de Lothaire.
ELVIRE, Suiuante d'Aurore.
CARLOS, Soldat de l'Armée d'Aurore.
SVITTE.

La Scene est à Barcelonne.

LES COVPS DE L'AMOVR, ET DE LA FORTVNE.

ACTE I.

SCENE PREMIERE.
GVSMAN, ROGER.

GVSMAN.

H! Seigneur, par quel sort vous trou-
uay-je en ces lieux?
ROGER.
Ah! Gusman, quel destin te presente à
mes yeux?
GVSMAN.
I'allois dans la Castille, & ma course estoit vaine;
Que vous m'épargnez bien des pas & de la peine:

A

LES COVPS DE L'AMOVR

Ie partois pour vous ioindre où ie vous ay laiffé,
Et mon voyage est fait pluftoft que commencé.

ROGER.

Depuis que ie t'attens fix Lunes font paffées.

GVSMAN.

Si j'ay failly, Seigneur, mes fautes font forcées,
I'eftois dans Barcelonne en eftat de partir
Quand par mer, & par terre, on la fit inueftir,
Et dans ce iour marqué, pour vne conference,
I'allois prendre la pofte & faire diligence.

ROGER.

Hé bien, en quel eftat eft Diane ma sœur?

GVSMAN.

Prés la Princeffe Aurore elle eft dans la faueur,
I'ay pour vous de fa part vne Lettre importante
Qui vous promet des biés qui paffent voftre attente.

ROGER *lit.*

Mon frere, tout l'Eftat fe trouue defolé,
L'iniuftice y fait voir l'innocence affligée ;
Par les troupes de Stelle, Aurore eft affiegée,
Venez la fouftenir dans fon Trofne ébranlé.
C'eft elle à qui le Sceptre appartient iuftement,
Vous fortez de fon fang, vous la deuez défendre :
Partez, & quelque Employ que vous puiffiez pre-
tendre
Il ne vous couftera qu'vn fouhait feulement.
Diane.

GVSMAN.

Voulez-vous occafion plus belle ?

ROGER.

Tu m'apportes fans doute vne bonne nouuelle,
Ie fuis comblé de ioye, & beny ton abord.

GVSMAN.

I'apporte vn autre aduis qui vous déplaira fort,

ET DE LA FORTVNE.

ROGER.

Quoy, quel aduis?

GVSMAN.

Tenez pour maxime asseurée
Que la plus grande joye a le moins de durée.

ROGER.

Que sçais-tu?

GVSMAN.

Que qui suit la Fortune & l'Amour
Gagne, perd, rit & pleure, au moins six fois par iour.

ROGER.

Dis-moy tout promptement, ta Morale me choque.

GVSMAN.

Sçachez que Leonor de vostre amour se mocque,
Qu'auec elle Dom-Iuan doit estre marié,
Et qu'il vous coupe enfin l'herbe dessous le pié.

ROGER.

Il faut s'en consoler.

GVSMAN.

Qui vous a fait si sage?

ROGER.

Depuis six mois entiers ie sçay qu'elle est volage,
I'appris de Dom-Bernard, qui vient chercher em-
    ploy,
Son amour pour Dom-Iuan, & ses mépris pour
    moy;
Et laissant lors agir mon dépit & l'absence,
Mon changement de prés suiuit son inconstance.

GVSMAN.

Tant-mieux, ie n'auray plus de Poulets à porter,
Perdre beaucoup d'amour c'est beaucoup profiter.

ROGER.

La Fortune, Gusman, ne m'est pas si propice,
En sortant d'vn mal-heur j'entre en vn précipice,

A ij

Vne Beauté nouuelle a troublé ma raison,
Et l'Amour seulement m'a changé de prison.
GVSMAN.
Quoy, depuis mon depart?
ROGER.
Dans vn combat tragique
Des troupes de Castille & de celles d'Afrique,
Le Prince d'Aragon s'estant trop auancé
Se trouuoit sans secours, & se sentoit blessé,
Lors qu'auec quelques gens dont j'auois la conduite
A ceux qui le pressoient ie fis prendre la fuite;
Mais dans ma Tente à peine estoit-il arriué,
Que ie le vis mourir apres l'auoir sauué;
Et qu'au point d'expirer, d'vne voix demy-morte,
Me donnant ce Portrait, il parla de la sorte.
N'ayez apres ma mort rien à me reprocher,
Receuez de mes mains ce que j'ay de plus cher,
De l'Objet que ie sers, c'est la charmante Idole:
A ces mots trois soûpirs couperent sa parole,
Et me firent douter en ce dernier effort
Qui terminoit sa vie ou l'Amour ou la Mort;
Ainsi vint dans mes mains cette image fatale,
Et dés que j'obseruay les charmes qu'elle estalle,
Tous les feux dont ce Prince auoit senty l'ardeur,
Abandonnant son Ame entrerent dans mon Cœur.
GVSMAN.
Vostre amour, si j'osois dire ce que ie pense,
Auecque la folie a grande ressemblance;
Quoy, des traits qu'vn Pinceau vous a sçeu figurer
Vous causent des langueurs, & vous font soûpirer,
Et quelque peu d'émail de couleur & de gomme
Font vn si grãd desordre au cœur d'vn si grãd hõme?
Quand on perd la raison l'on a vos sentimens:
Voila ce que vous sert d'auoir leu des Romans.

ET DE LA FORTVNE.
ROGER.
Bien qu'à ce beau Portrait j'adresse mon hommage
Ce n'est pas ce que j'ayme, il n'en est que l'image,
J'ayme vn autre Chef-d'œuure, & ie suis enchanté
De l'Objet qu'en ces traits l'Art a representé,
Iuge si sa beauté merite qu'on l'adore.
GVSMAN.
I'y reconnoy les traits de la Princesse Aurore.
ROGER.
Ne dois-je pas aymer vn Objet si charmant ?
GVSMAN.
Mais vous ne l'auez veu qu'en Portrait seulement,
La Princesse au berceau fut portée en Espagne,
Lors qu'on la rapella nous estions en campagne,
Et depuis quinze mois qu'on la voit de retour
L'on ne vous a point veu paroistre en cette Cour.
ROGER.
L'Amour surprend nos cœurs, & sçait plus d'vne voye
Pour y porter ses feux & troubler nostre joye,
Aurore a tous les droits comme tous les appas,
Des Dieux que l'on adore & que l'on ne void pas :
Ie sçay qu'elle est aymable, & mon ame charmée
Ainsi que sa peinture en croit la Renommée,
Cette prompte Couriere auecque soin m'apprit
Les charmes de son Ame & ceux de son Esprit,
Quand les visibles traits dont le Ciel l'a pourueuë
Dans ce Portrait fatal s'offrirent à ma veuë,
Et ce fut lors qu'Amour, ce Maistre si sçauant,
En forma dans mon Cœur vn Portrait tout viuant,
Iuge dans son party combien ie m'interesse,
Elle est ma Souueraine, & de plus ma Maistresse,
Ie suis à la seruir engagé doublement,
Et comme son Sujet, & comme son Amant.

GVSMAN.

Mais comme bon Sujet, & comme Amant fidele
Vous deuiez moins tarder à vous rēdre auprés d'elle.

ROGER.

Ie n'ay pas dû partir qu'il ne me fut permis
D'abandonner l'Employ que l'on m'auoit commis.
Enfin j'arriuay hier sans me faire connoistre
Pour seruir au repos des lieux qui m'ont veu naistre,
Et dedans Barcelonne enfin j'allois entrer
Alors que le hazard nous a fait rencontrer.

GVSMAN.

Vous arriuez vn iour qu'on a conclud la tréue,
Et venez iustement quand la Guerre s'acheue;
Enfin sçachez…

ROGER.

Ie sçay que tu peux bien sçauoir
Qu'en ce lieu les deux Sœurs se doiuent entreuoir,
Que la Paix ou la Guerre y doit estre concluë :
Mais Stelle vient ; dans peu nous en sçaurons l'issuë.

SCENE II.

STELLE, LE COMTE, ROGER, GVSMAN.

STELLE.

IE connoy ma Sœur, Comte, & n'attens point d'ac-
Il faudra que la Guerre explique nostre sort, (cord;
Ie ne puis luy ceder le rang de Souueraine,
Et pour viure sujette elle a l'ame trop vaine :
Mais auant qu'en venir aux derniers démeslez,
Ie consens à la voir puisque vous le voulez.

ET DE LA FORTVNE.
LE COMTE.
Ie n'abuferay plus de voftre confiance,
Si la paix n'eft concluë en cette Conference,
Nous l'obtiendrons par force, & tous les miens
   font prefts
De perir auec moy fuiuant vos interefts.
STELLE.
Vos foins n'obligent pas vne Princeffe ingrate.
LE COMTE.
Le feul bien de vous plaire eft l'efpoir qui me flate,
Vous auoir pû feruir, c'eft auoir combatu
Pour la mefme Iuftice & la mefme Vertu ;
Voftre feule beauté dont j'adore l'empire,
Peut pretendre à regner fur tout ce qui refpire ;
Et de tout l'Vniuers auroit le premier rang,
S'il pouuoit s'acheter au prix de tout mon fang.
ROGER.
Formez d'autres fouhaits, il n'eft point de Courône
Que ie n'ayme toufiours moins que voftre perfonne,
Et fi noftre party demeuroit le vainqueur,
Vous auriez vne Place au Throfne & dans mon
   cœur :
Mais Aurore s'approche & ce bruit m'en affeure,
Voyons fi le fuccez fuiura ma conjecture.
ROGER.
Gufman, que j'ay de trouble en voyant tant d'appas !
GVSMAN.
Puis qu'ils vous font du mal ne les regardez pas.
ROGER.
Ce mal me femble doux, j'ayme fa violence.
GVZMAN.
Ah ! vous extrauaguez.
ROGER.
               Obferue le filence.

SCENE III.

AVRORE, LOTAIRE, STELLE, LE COMTE, ROGER, GVSMAN, Suitte.

AVRORE.

MA Sœur, pour noſtre accord nos communs Députez
Deſia ſans aucun fruit ont fait pluſieurs Traittez;
Ie ſçay, quelque pouuoir qu'vne Princeſſe donne,
Que ſon meilleur Agent peut moins que ſa perſonne,
Et j'ay crû qu'il falloit en ces lieux nous trouuer,
Soit pour rompre l'accord ou ſoit pour l'acheuer.
Ie ne celleray pas d'vne adreſſe inutile
Que j'ay beaucoup d'horreur pour la guerre Ciuile,
Ie ne puis ſans remors voir pour nous des-vnis
Le Frere, le Germain, & le Pere, & le Fils;
Et le Sceptre en ma main affermy par les Armes
Ne peut coûter du ſang ſans me coûter des larmes:
Eſſayons d'étouffer noſtre diuiſion,
Eſcoutons la iuſtice & non l'ambition,
Et fuyans des grandeurs par le ſang affermies,
Commençons d'eſtre Sœurs, ceſſons d'eſtre Ennemies.

STELLE.

Ie ſouhaite, ma Sœur, ce que vous ſouhaitez,
Pour moy comme pour vous la Paix a des beautez;
Ce fut auec regret que j'entrepris la guerre
Contre ma propre Sœur, & dans ma propre terre,

ET DE LA FORTVNE.

Et ce sera tousiours auec rauissement
Qu'on me verra signer nostre accommodement;
Cét Estat m'appartient par droit hereditaire,
Vous sçauez les Amours du Comte nostre Pere:
Nostre Mere commune ayant sçeu l'embrasser,
Ils s'aymerent long-temps auant que s'épouser;
Et chacune de nous sçait bien qu'elle fut née,
Vous pendant leurs Amours, moy depuis l'Hy-
    menée,
Ainsi, grace au destin des choses d'icy bas,
Ie me vois legitime & vous ne l'estes pas;
Et vous sçauez qu'enfin nos loix & nos maximes
Donnent tout l'heritage aux enfans legitimes;
Cependant comme Sœur, ie sçay ce que ie doy,
De la seule amitié ie veux suiure la Loy,
Et bien que tout l'Estat doiue estre mon partage,
Ie vous offre la Paix auec vn appanage.

AVRORE.

Cette offre est trop injuste, & ie puis me vanter
Que j'ay droit de la faire & non de l'accepter,
Le Trône du feu Comte appartient à l'Aisnée,
De vostre Mere propre auant vous ie fus née;
Et l'Hymen succedant à leurs feux clandestins
Autorisa nos droits & jugea nos destins:
Vous condamnez à tort l'Auguste Marguerite
De qui toute l'Europe admira le merite,
Et luy deuant le iour, auez-vous bien l'orgueil
D'attaquer sa vertu jusques dans le Cercueil?
I'estois encore à naistre alors que nostre Mere
Receut secrettement la Foy de nostre Pere;
Et puisque sur la Foy l'Hymen se doit fonder,
Ie nasquis legitime & dois luy succeder.
Vous sçauez que ce Prince auoit encore à peine
Receu le dernier coup de la Parque inhumaine,

Que les Grands du païs de sa perte troublez
Furent incontinent au Palais assemblez.
Là chacun de nos droits eut connoissance entiere,
Chacun du Prince mort me nomma l'heritiere,
Condamna vostre brigue & vous dûst enseigner
Que ie suis vostre Aisnée, & que ie dois regner:
Mais bien que vous sçachiez que malgré l'artifice
I'ay toute l'équité, vous toute l'injustice,
Que par mes mains le Sceptre a droit d'estre occupé,
Que s'il estoit à vous il seroit vsurpé;
Et qu'enfin ie ne puis vous souffrir qu'auec honte,
Sur vn Trône où nos loix ordonnent que ie monte,
Quelque iuste que soit ce point d'honneur fatal,
Ie l'immole au repos de mon pays natal,
Ie veux par ma tendresse étouffer vostre hayne,
Et vous traitter en Sœur, & non en Souueraine.
Mon amitié s'accorde à ne plus contester
Ce que mon droit d'aînesse a lieu de vous oster,
Enfin suiuant les loix que le sang nous inspire
Vnissons nos Esprits, & partageons l'Empire.
          ROGER.
Gusman, peut-on former de plus iustes souhaits.
          GVSMAN.
Pouuiez-vous mieux venir pour voir faire la paix.
          STELLE.
I'admire vostre adresse & bien plus vostre audace,
Vous parlez d'vn partage ainsi que d'vne grace,
Il semble que ce soit seulement par pitié
Que de mon propre Estat vous m'offrez la moi-
    tié.
Ie suis de ce pays legitime Princesse,
Il m'est indifferent que vostre hayne cesse,
Vostre amitié m'outrage, & ie n'y pretens rien,
Puis qu'elle doit couster la moitié de mon bien,

ET DE LA FORTVNE.

Ie pretens difposer de tout mon heritage,
On brife vne Couronne alors qu'on la partage,
Le Trône en me portant a le poids qu'il luy faut,
Et s'il vous fouftenoit il tomberoit bien-toft,
Ainfi que mon bon droit voftre injuftice éclate
Dans cét injufte Arreft dont voftre orgueil fe flate,
Voftre puiffante brigue & vos riches prefens
Des Iuges affemblez firent vos partifans;
Et j'aurois obtenu les mefmes auantages,
Si j'auois lâchement mandié leurs fuffrages.

AVRORE.

Vous accufez à tort des Iuges innocens,
Mes legitimes droits furent mes Partifans;
Et fi leur jugement vous a peu fatisfaite,
Accufez-en le Ciel qui vous fit ma Cadete.

STELLE.

Le Peuple à qui le Ciel a concedé les droicts
D'interpreter les Dieux & de créer les Roys,
Par fes émotions a bien deû vous apprendre
Qu'il reuoque l'Arreft que vous auez fait rendre,
Que voftre foin ne fert qu'à vous faire hayr,
Et que ce n'eft qu'à moy que l'on doit obeyr.

AVRORE.

Sçachez que fi le Peuple à mon regne s'oppofe,
Ses mouuemens font voir l'equité de ma caufe;
C'eft vn Monftre priué de tout difcernement,
Qui cherche le defordre auec aueuglement,
Et qui s'efmeut toufiours, tant fon audace eft grãde,
Contre les Souuerains dont il faut qu'il dépende:
Mais enfin fon couroux ne doit pas m'alarmer,
Auec vn feul regard ie puis le defarmer.

STELLE.

Dans voftre injufte orgueil foyez moins obftinée:
La Couronne iamais ne vous fut deftinée,

Mon Pere, ainsi qu'vn fruit d'vne honteuse amour,
Dés vos plus tendres ans vous bannit de la Cour,
Et comme son opprobre & non comme sa fille
Vous fit secrettement esleuer en Castille.
Vous le sçauez, ma sœur, & m'osez disputer
Ce pays dont la loy vous doit des-heriter,
Et qui par vn instinct que le Ciel luy suggere,
Ne vous peut regarder que comme vne Estrangere.

AVRORE.

Ce pays m'a veu naistre & me doit regarder
Comme celle aujourd'huy qui luy doit commander:
Qui sçaura que ie fus en Castille esleuée,
Sçaura que pour regner on m'auoit reseruée.
C'est là que l'on peut voir sur vn Trône brillant
Ce que la Politique a de plus excellent;
C'est là qu'auec la plume on force des murailles,
Que dans vn cabinet on gagne des Batailles,
Et c'est là qu'on eut soin de me faire enseigner
Des secrets pour vous vaincre & l'art de bien regner.

STELLE.

Chez cette nation qui se croit indomptable,
Vous n'auez rien acquis qu'vn faste insupportable.
Si vous pouuiez regner en ces lieux iustement,
Mon pere l'eust marqué dedans son Testament.

AVRORE.

S'il eut jugé qu'vn iour vous m'eussiez trauersée,
Il eust mieux expliqué sa derniere pensée;
Mon droit sur la Couronne est si juste & si clair
Qu'il n'a pas crû deuoir seulement en parler,
Et l'Arrest suruenu vous doit faire connoistre
Que c'est pour m'obeyr que le Ciel vous fit naistre.

STELLE.

De cet Arrest le sort me pourra consoler;
Ma main à mon espée en pretend appeller,

Nous

ET DE LA FORTVNE.

Nous sçaurons qui de nous doit regir cette terre,
Et nos Iuges seront la Fortune & la Guerre.
AVRORE.
Par ces Iuges souuent contre toute équité,
Le party le plus juste est le plus mal traitté;
Mais quoy qu'en ce dessein vostre espoir se pro-
　pose,
Vous deuez craindre encor de perdre vostre cause;
Pour vous chasser d'icy ie ne manqueray pas
De fidelles Sujets ny de braues Soldats :
I'engage en mon party des Princes redoutables,
Et ie trouue des Roys qui me sont fauorables.
STELLE.
N'auez-vous souhaitté de me voir en ces lieux,
Que pour faire éclatter vostre audace à mes yeux?
Loin d'attendre de vous cet orgueil qui m'estonne,
I'ay crû venir icy reprendre ma Couronne.
Ie pretends regner seule & regler vostre sort,
Si vous n'y consentez ne parlons plus d'accord.
AVRORE.
Hé bien, ie vous declare vne Guerre mortelle,
Ie sçauray vous punir, Sœur ingrate & rebelle.
LE COMTE D'VRGEL.
Vous conceuez, Madame, vn espoir bien hautain,
Le succez de la Guerre est tousiours incertain,
Et lors qu'on est reduit à garder vne Place,
Il n'est pas temps d'vser d'orgueil & de menace;
C'est à Stelle à present que l'espoir est permis
De ne voir plus la peur qu'entre ses Ennemis;
Ie suis Prince, Madame, & ie porte vne espée
Qui peut luy redonner sa Couronne vsurpée.
LOTAIRE.
Pour vn Comte d'Vrgel, vous parlez vn peut haut,
Vous fustes repoussé dans le dernier assaut,

B

LES COUPS DE L'AMOUR

Et l'on pourra forcer vostre valeur extréme
A s'exercer bien-tost dans vostre Pays mesme.

STELLE
Comte de Roussillon, aurez-vous ce pouuoir?

AVRORE
Vn iour à vos dépens vous le pourrez sçauoir.

GVSMAN
Ma foy, nous nous battrons.

ROGER
    Coulons-nous dans la presse,
Pour entrer dans la ville auecque la Princesse.

STELLE
Il faut nous separer pour conclure la paix,
Ie vous iray trouuer iusque en vostre Palais.

AVRORE
Ie viendray vous reuoir.

STELLE
    Vous n'auez qu'à m'attendre.

AVRORE
Songez à décamper.

STELLE
    Songez à vous deffendre.

LE COMTE
Nous nous verrons, Lothaire.

LOTHAIRE
    Ouy, pour vostre mal-heur.

STELLE
Craignez nostre pouuoir.

AVRORE
    Craignez nostre valeur.

STELLE
Ie puis vaincre aisément.

AVRORE
    Tremblez, tremblez encore.

ET DE LA FORTVNE.

Le party de Stelle.

Viue Stelle, Soldats.

Le party d'Aurore.

Viue pluſtoſt Aurore.

Fin du premier Acte.

ACTE II.

SCENE PREMIERE.
AVRORE, DIANE.

AVRORE.

DIANE, c'en est fait, il faut vaincre ou perir,
Ce n'est plus qu'à la force où ie dois recourir :
I'ay trois mille cheuaux, & Lothaire s'appreste
Pour les faire sortir & combattre à leur teste.

DIANE.
Lotaire peut beau coup, il vous ayme & vous plaint,
Vos malheurs & vos yeux l'ont doublement atteint,
Et c'est vn grand secours qu'vn Prince magnanime
Quand la pitié le touche & quand l'amour l'anime.
Si j'ose toutefois vous parler librement,
Vous le traittez, Madame, vn peu bien froidement,
Depuis que sa valeur à vous seruir s'employe
I'ay bien veu que ses soins vous donnent peu de joye,
Et qu'vn Astre contraire à son affection
Dans vostre ame pour luy jette l'auersion.

AVRORE.
Ma Cousine, entre-nous ie le diray sans peine,
D'vne autre passion mon ame est toute pleine,

ET DE LA FORTVNE.

Lothaire vient trop tard, ses soins sont superflus,
On ne peut disposer de ce que l'on n'a plus,
Et l'Amour plus souuent dans nos Cœurs prend naif-
   sance
Par inclination que par reconnoissance.
Tu sçais bien qu'à Madrid dans vn âge charmant
Le Prince d'Arragon fut mon premier Amant,
Et ie t'ay confessé que cette mesme flame
Qu'il prit dedans mes yeux, retourna dãs mon Ame;
Ie me trouuay sensible & receus à mon tour
Cette langueur qui plaist & qu'on appelle Amour.

DIANE.

Ce Prince est mort enfin, & sa mort vous conuie
D'esteindre vostre flame aussi bien que sa vie;
Laissez, laissez en paix le dépost d'vn cercueil,
Six mois pour vn Amant sont vn assez long dueil
Sur ce qui n'est plus rien que pouuez vous pretédre,
Voulez vous conseruer des feux pour de la cendre?

AVRORE.

Ie sçay son auanture, & ie n'ignore pas
Qu'en vn combat funeste il receut le trépas :
Mais quand pour ses malheurs mes yeux versent des
   larmes,   (charmes.
L'amour veut que mon Cœur brûle encor pour ses
Deux mois aprés sa mort, dans vn iour assez beau,
Où nous fûmes baigner au bord d'vn clair ruisseau,
Ie trouuay ce Portrait dont la chere imposture
Sembloit du Prince mort exprimer la peinture,
Et rencontrât des traits qui m'auoient pû charmer,
L'Image de ce Prince eut droit de m'enflamer.
Mais admire, Diane, en quelle erreur estrange
De mon cruel destin le caprice me range ;
Depuis que dans mes mains ce Portrait est venu,
Cét Objet qui m'est cher, n'a pû m'estre connû,

B iij

Et tout ce qui me flatte, est qu'en cette occurrence
D'vn Prince que j'aymois j'ayme la ressemblance.
Enfin voilà le charme où mon cœur s'est rendu.

DIANE *regardant le portrait.*

Ie connoy ce Portrait.

AVRORE.

O Dieux!

DIANE.

Ie l'ay perdu.

AVRORE.

Toy, Diane?

DIANE.

Ouy, Madame, & ce fut, ce me semble,
Vn iour qui fut choisi pour nous baigner ensemble.
Ie puis vous éclaircir touchant l'original,
Vostre Empire, Madame, est son pays natal,
L'éclat de sa naissance & de ses Destinées
Peut donner jalousie aux testes Couronnées,
Il est fameux, & braue, autant qu'il est charmant,
C'est vn homme admirable.

AVRORE.

Enfin c'est ton Amant,
Et par vne auanture impréueuë & fatale
Pour Confidente icy j'auray pris ma Riuale.
Tu vantes ta conqueste, & ie dois presumer
Que tu l'estimes trop pour ne la pas aymer.

DIANE.

De cét homme en effet la personne m'est chere.

AVRORE.

Mais quel est-il enfin?

DIANE.

Madame, c'est mon Frere.

AVRORE.

Ton frere? dis-tu vray; me voudrois-tu flatter?

DIANE.

Ce Portrait est de luy, vous n'en pouuez douter.
Ie l'auois pour le rendre auec vn peu d'adresse
Aux mains de Leonor autresfois sa Maistresse,
Mais j'en perdis l'enuie ayant veu clairement
Qu'elle auoit partagé les feux d'vn autre Amant;
Et que mon frere aprés cette atteinte impreueuë,
Estoit loin de son Cœur autant que de sa veuë.

AVRORE.

Mais l'ayme-t'il encor?

DIANE.

Ie n'en ay rien appris,
Il perdroit son Amour s'il sçauoit ses mépris.
Il auoit pris déja quelque employ dans la guerre,
Quand vous vinstes reuoir vostre natale Terre,
Et depuis n'estant point reuenu dans ces lieux,
Il n'a pas eu l'honneur de paroistre à vos yeux.

AVRORE.

En quel lieu peut-il estre ?

DIANE.

Il est prés de Seuille
Qui commande vn grand Corps des troupes de Castille.

AVRORE.

Aupres de nous, Diane, il faut le rappeller,
Ie brûle de le voir; mais qui vient nous troubler?

SCENE II.

ELVIRE, DIANE, AVRORE, ROGER, GVSMAN.

ELVIRE.

Dom-Roger de Moncade à la Porte nous presse
De l'admettre à baiser les mains de voſtre Alteſſe.

DIANE.

Mon frere !

AVRORE.

Quel bon-heur ! qu'il entre promptement,
L'émotion ſe joint à mon rauiſſement.
Il vient, à ſon abord mon trouble renouuelle :
Qu'il eſt bien fait, Diane !

ROGER.

Ah, Guſman, qu'elle eſt belle !
Madame, auec reſpect ie viens vous preſenter
Vn Bras qui pour vous plaire oſera tout tenter,
Et qui, ſi vous ſouffrez de vous en voir ſeruie,
Pour ſeruir voſtre Eſtat negligera ma vie.
Ie dois rougir, Madame, en tenant ce diſcours,
Ce que ie vous preſente eſt vn foible ſecours,
Si j'eſtois ſouuerain j'aurois l'Ame charmée
De vous offrir mon Bras en teſte d'vne Armée,
Bien qu'à mes ſentimés mes deſtins ſoient meilleurs
De prendre icy des loix que d'en donner ailleurs.

AVRORE.

Soyez le bien venu, Guerrier incomparable,
Dont j'ay tant ſouhaité le retour fauorable ;

J'ay du plaisir de voir mes souhaits exaucez,
Plus que ie ne puis dire, & que vous ne pensez.
Vous dissipez ma crainte en prenant ma querelle.
ROGER.
Ie ne fais le deuoir que d'vn Sujet fidele.
AVRORE.
Vous sortez de mon sang, & ie sçay vos exploits,
Des Sujets tels que vous peuuent deuenir Roys.
Mais faites-nous sçauoir toutes vos Auantures,
Nous en auons receu des nouuelles mal seures :
Sur tout n'oubliez rien depuis vostre départ,
Ie suis vostre parente, & j'y dois prendre part.
ROGER.
Ie resiste à l'honneur qu'il vous plaist de me faire,
Si j'osois obeïr ie pourrois vous déplaire,
Ne vous rien déguiser c'est mal faire ma Cour,
Pour parler de ma vie il faut parler d'Amour,
Et vouloir à vos yeux étaler ma foiblesse,
C'est perdre le respect qu'on doit à vostre Altesse.
AVRORE à *Diane*.
Il ayme Leonor.
DIANE.
Il la deuroit haïr.
AVRORE à *Roger*.
C'est me bien respecter que me bien obeïr.
Est-ce vn illustre Objet qui cause vos alarmes ?
Faites-nous par auance vn recit de ses charmes.
ROGER.
Amour, en ma faueur daigne luy réueler
Que c'est de ses appas que ie vay luy parler.
J'adore vne Beauté si charmante & si rare,
Qu'en ses moindres attraits mon jugement s'égare.
On connoit à son air doux & majestueux
Que sans doute elle sort, ou des Roys, ou des Dieux.

Son port seul doit rauir, iamais Reyne Amazone
Auecque tant d'éclat n'a parû sur le Trône;
Sa taille est admirable, & son diuin Aspect
Inspire également l'Amour & le respect:
Son teint, où la Nature a parû si sçauante,
Est des plus belles fleurs la peinture viuante,
Et porte en mesme temps auec trop de rigueur
De la neige à la veuë, & des flames au Cœur.
L'or de ses beaux cheueux qui tant de Cœurs en-
  lasse
Mesle agreablement le desordre & la grace,
Et s'émouuant par fois, vient baiser sans dessein
Les Roses de sa jouë, & les Lys de son sein.
Ses yeux noirs & brillans par leurs viues lumieres
Trouuent l'art d'éblouïr les Ames les plus fieres,
Et par des traits charmans qu'on ne sçauroit parer,
N'ont qu'à se faire voir pour se faire adorer.

AVRORE à *Diane.*
Leonor dans ces traits n'est que trop bien dépeinte.
Mon dépit est ardent, & ma flame est esteinte.

à Roger.
Ce merueilleux Objet vous doit beaucoup charmer.

ROGER.
Mes fortes passions ne peuuent s'exprimer,
Depuis que j'ay receu ses atteintes charmantes,
Les plus rares beautez me sont indifferentes.

AVRORE.
Enfin ne parlez plus touchant cette beauté,
Vous m'en auez plus dit que ie n'ay souhaité.

ROGER.
Qu'ay-je dit? qu'ay-je fait?

AVRORE.
                    Ce qui me doit déplaire.

ET DE LA FORTVNE. 23
ROGER.
Quoy ? mon Amour, Madame !
AVRORE.
A causé ma colere.
ROGER.
Vous connoissez donc bien de qui ie suis espris ?
AVRORE.
Vos discours indiscrets me l'ont assez appris.
ROGER.
Ie vous ay fait, sans doute, vn adueu temeraire,
Mais qui sçait bien aymer ne sçait pas bien se taire.
AVRORE.
Roger, pour vostre bien vous feriez beaucoup mieux
D'esteindre pour iamais ce feu pernicieux.
ROGER.
Iusques à le cacher ie pourrois me contraindre,
Mais ie mourray, Madame, auant que de l'esteindre.
AVRORE.
Vostre peu de respect me fasche au dernier point.
ROGER.
Escoutez.
AVRORE.
Ie ne puis ; toy, ne me quitte point.
ROGER.
Vueillez entendre encor deux mots en ma deffence.
AVRORE.
I'ay trop oüy parler d'vn amour qui m'offence.

SCENE III.

ROGER, GVSMAN, LOTHAIRE, LAZARILLE.

LAZARILLE.

A Ce que ie connoy, Roger est mal en Cour.
LOTHAIRE.
Sans doute à la Princesse il a parlé d'amour.
GVSMAN.
Nous voila bien heureux!
LAZARILLE.
                Voyez comme il soûpire.
LOTHAIRE.
Obserue auec quel art ie luy feray tout dire:
Seigneur, dans ce moment ie tiens mon sort bien doux
De m'auoir fait choisir mesme party que vous,
Vous connoistrez dans peu jusqu'à quel point j'ho-
Le premier des Heros, & le parent d'Aurore; (nore
Ie sçay vostre valeur & vostre qualité.
ROGER.
Ie ne merite pas cette ciuilité.
LOTHAIRE.
Vostre voix & vostre air marquent quelque tristesse,
Seroit-ce vn déplaisir qui vint de son Altesse?
La Guerre dont sans doute elle craint le succez,
Rend son esprit souuent chagrin jusqu'à l'excez.
ROGER.
N'eust-elle rien pour moy que mépris & que haine,
Ie dois me souuenir qu'elle est ma Souueraine,

                Et

ET DE LA FORTVNE.

Et quelque auersion qu'elle m'ait sçeu montrer,
I'en croirois estre digne osant en murmurer;
Il n'esteint point mon zele, & ma plus chere enuie
Est de sauuer son Sceptre aux dépens de ma vie.

LOTHAIRE.

On voit peu de Sujets si fidelles que vous:
Aurore vous deuoit vn traittement plus doux;
Vous deuiez estre exempt des traits de son caprice,
Et l'on peut l'accuser d'erreur & d'injustice.

ROGER.

Non, non, Aurore est iuste, & me doit méprisér,
Ce sont mes seuls deffauts qu'il en faut accuser;
Cét objet merueilleux, d'erreur est incapable:
Il ne fait iamais rien qui ne soit équitable,
Et son juste mépris fait voir qu'asurément
Ie ne meritois pas vn meilleur traittement.

LOTHAIRE.

Vne si haute estime est sans doute admirable.

ROGER.

Aurore à mon aduis est toute incomparable,
Dans vn objet mortel la Nature & les Cieux
N'ont iamais renfermé des dons si precieux:
Ils ont en sa faueur d'vne adresse pareille,
Fait vn effort dernier pour faire vne merueille,
Et n'ont iamais vny par de plus doux accords
Vne ame si brillante auec vn si beau corps.

LOTHAIRE *bas*.

De ton caprice, Amour, la rigueur est extréme!
L'on entend à regret estimer ce qu'on aime!
Et soit que l'on en dise ou du bien ou du mal,
Vn Amant en conçoit vn déplaisir égal.

ROGER.

Elle a des qualitez qui font assez connoistre
Que c'est pour cōmander que le Ciel l'a fait naistre,

C

Et qu'vn Sceptre adoré du reste des humains,
Ne sçauroit mieux tomber que dás ses belles mains,
Stelle deuroit ceder la supréme puissance
Au merite d'Aurore autant qu'à sa naissance,
Et ses yeux où du Trône on voit briller les droicts,
Trouueront des Sujets entre les plus grands Roys.
LOTHAIRE bas.
Son amour dás ces mots trop clairement s'exprime,
Tâchons par nos mépris d'amoindrir son estime.
ROGER.
L'offre que ce matin elle a faite à sa Sœur,
De son Ame Royale a fait voir la grandeur ;
Ce doit estre à sa gloire vne marque immortelle,
Pour montrer qu'elle est juste autant comme elle
　est belle ;
Enfin c'est vn miracle, il le faut auoüer.
LOTHAIRE.
Comme vous ie l'estime, & ie la veux loüer.
ROGER.
Elle a mille vertus dignes qu'on les admire.
LOTHAIRE.
C'est en dire beaucoup.
ROGER.
　　　　　　L'on n'en peut assez dire,
On doit estre charmé de ses moindres appas.
LOTHAIRE.
Vous en parlez trop bien.
ROGER.
　　　　　　Vous, vous n'en parlez pas.
LOTHAIRE.
Ie sçay dessus ce point ce qu'il faut que l'on pense,
Et veux bien vous en faire entiere confidence,
Vous estes trop vaillant pour n'estre pas discret,
Pour vn si noble amy ie n'ay point de secret,

ET DE LA FORTVNE.

Comme à vous dans l'abord Aurore eut l'aduantage
De me faire estimer son Cœur & son Visage:
Mais ie suis mieux instruit, & le Temps m'a fait voir
Qu'vn merite apparent m'auoit sçeu deceuoir.
ROGER.
Lothaire, ce mépris me paroist fort estrange!
LOTHAIRE.
Il est iuste pourtant plus que vostre loüange,
Quand vous aurez cessé d'estre préoccupé,
Vous verrez clairement que vous estes trompé,
Qu'Aurore n'eust iamais de charmes inuincibles,
Et qu'elle a des deffauts qui sont assez visibles.
ROGER.
I'y trouueray tousiours de nouuelles beautez:
Mais ie ne puis souffrir l'air dont vous la traittez.
Aurore est sans deffaut, & pour ne vous rien taire
Ie feray repentir qui dira le contraire.
LOTHAIRE.
C'est à tort, sur ce point, que vous vous offencez,
Aurore n'est pas iuste au point que vous pensez,
Et tant d'honnestes gens qui côbattent pour Stelle,
Font voir que l'équité se trouue en sa querelle,
Ie soustiens qu'ils ont pris le plus iuste party.
ROGER.
Et moy ie soustiendray que vous auez menty.
LOTHAIRE *mettant l'épée à la main.*
C'est trop, ma retenuë est enfin dissipée.

SCENE IV.

AVRORE, ROGER, GVSMAN, LOTHAIRE LAZARILLE.

AVRORE *sortant de sa Chambre.*

COmment, deuant ma chambre oser tirer l'épée!
ROGER.
Si j'ose vous parler.
LOTHAIRE.
De grace, écoutez-moy!
ROGER.
Vous ne vous plaindrez point?
LOTHAIRE.
Vous connoistrez ma foy.
ROGER.
Madame.
LOTHAIRE.
En m'écoutant, vous serez mieux instruite.
ROGER.
I'ay....
AVRORE.
Lothaire, parlez, vous parlerez en suitte.
LOTHAIRE.
I'ay voulu hautement loüer vostre beauté,
Et de vostre querelle exprimer l'équité;
Mais luy par des mépris, que par respect ie celle,
Dit que vous n'estes point équitable ny belle,
Ie n'ay sçeu plus long-temps vous entendre ou-
 trager,
Et j'ay tiré l'épée afin de vous vanger.

GVSMAN à part.
Peut-on mentir iamais auec plus d'insolence?
AVRORE.
L'adueu de vos mépris éclate en ce silence.
Mon visage, Roger, a beaucoup de deffauts,
Et vostre jugement, sans doute, n'est point faux;
Mais ie ne comprens pas, quoy que ie me propose,
Pourquoy vous condamnez l'équité de ma cause,
Vous que l'honneur engage à deffendre mes droits,
Et qui de mon party semblez auoir fait choix.
ROGER.
Vos soupçons me font tort; l'audace de Lothaire
Trouble mon innocence & la force à se taire,
Luy-mesme insolemment vient de vous mépriser,
Il m'accuse au moment que ie dois l'accuser:
Il m'impute vn forfait dont ie suis incapable,
Et se fait innocent lors qu'il est seul coupable.
AVRORE.
Vos excuses, Roger, ont peu de fondement.
LOTHAIRE.
Ie vous ay dit la chose, & fort ingenûment.
ROGER *mettant la main sur son espée.*
Si nous estions en lieu, tel que ie le desire,
Vous voyez vn témoin qui vous feroit dédire.
AVRORE.
Ie vous deffens, Roger, d'auoir prise auec luy,
Ce Prince de mon Trône est le plus ferme appuy;
C'est s'attaquer à moy, qu'attaquer sa personne,
Et sa perte seroit celle de ma Couronne.
LOTHAIRE.
Roger n'est pas vn homme à redouter si fort,
S'il m'ose offrir la guerre, il receura la mort.

ROGER.

Si vos ordres exprés ne regloient mon enuie,
La menace dans peu luy cousteroit la vie.

AVRORE.

Ces éclaircissemens seroient trop hazardeux,
Sans croire aucun de vous, ie fais grace à tous deux.

LOTHAIRE.

Aprés vne bonté si touchante & si rare,
Qui peut vous mépriser est sans doute vn barbare!
Et quoy que ie me trouue innocent en effet,
Pour jouyr du pardon, ie prends part au forfait;
Ouy, bien qu'injustement vn insolent m'accuse,
J'accepte vostre grace.

ROGER.

     Et moy ie la refuse.
Qui reçoit vn pardon & se dit innocent,
Produit contre soy-mesme vn indice puissant;
Et bien qu'vn imposteur m'accuse auec audace,
Ie n'ay point fait de crime, & ne veux point de
 grace.

AVRORE.

Vous refusez ma grace! hé bien ie la reprends,
Ie voy de vos mépris des indices trop grands,
Quoy que dessus ce point vostre orgueil me denie,
Ie ne dois plus douter de vostre calomnie,
Vous m'auez mesprisée, & j'ay trop bien com-
 pris
Que vous voulez encor soustenir vos mépris;
Vostre Ame qui se plaist à me voir offencée,
Au moindre repentir ne peut estre forcée;
Ma grace asseurément vous donne de l'effroy,
Vous auriez du regret d'estre bien auec moy,
Et que de mes bontez vn excez magnanime
Vous forçast de changer vos mépris en estime.

ET DE LA FORTVNE.

ROGER.
Vous auez pris à tort ces iniustes soupçons.

AVRORE.
Vous prenez mal le temps pour faire des leçons.

ROGER.
Escoutez-moy parler contre cette imposture.

AVRORE.
Non, non, vous me diriez quelque nouuelle injure.

ROGER.
Sçachez.....

AVRORE.
De vostre part ie ne veux rien sçauoir,
Et vous m'obligerez de ne me iamais voir.

LOTHAIRE *à Aurore.*
Le temps approche où Stelle aura beaucoup d'alar-
Vostre Caualerie est toute sous les armes; (mes,
I'estois icy venu pour vous en aduertir.

AVRORE.
Allons, conduisez-moy, ie vous verray partir.

SCENE V.

ROGER, GVSMAN.

ROGER.

Voy comme elle me fait, cette belle inhumaine,
Le coupable a le prix, l'innocent a la peine;
Et lors que mon respect attire son dédain,
Vn insolent reçoit son cœur auec sa main.

GVSMAN.
Monsieur, consolez vous, c'est chose assez commune
Que la Vertu soit mal auecque la Fortune;

Il faut quitter ces lieux où nous sommes hays,
L'on n'est iamais, dit-on, Prophete en son pays.
ROGER.
Ne me parle iamais de m'éloigner d'Aurore ;
Toute ingrate qu'elle est, il faut que ie l'adore,
Malgré tous ses mépris, au fort de ma douleur,
I'accuse seulement Lothaire & mon malheur.
GVSMAN.
Mais que pretendez-vous ?
ROGER.
Ou me perdre, ou luy plaire,
I'opposeray ma flâme au bon-heur de Lothaire,
Et nous pourrons sçauoir auant la fin du iour,
Qui doit vaincre ou ceder, la Fortune, ou l'Amour.

Fin du second Acte.

ACTE III.

SCENE PREMIERE.
GVSMAN, ROGER *dans le Iardin.*

GVSMAN.

AH! que de biens, Seigneur, que d'honneur & de gloire!
ROGER.
Ce succez est si grand que j'ay peine à le croire.
GVSMAN.
Auec cent Caualiers rompre mille cheuaux.
ROGER.
I'ay dans ce grand exploit, fait voir ce que ie vaux:
Lothaire auec trois mille a fait moins de carnage,
Et de tous ses trauaux tiré moins d'auantage.
Mais en ce grãd succez d'où naistra mon bon-heur,
La Fortune a plus fait pour moy que ma Valeur;
En cette occasion & si chaude & si prompte
I'ay penetré d'abord au Pauillon du Comte,
Qui se verroit possible entre mes prisonniers,
S'il auoit tenu ferme & plié des derniers.
Rien n'a pû resister à nostre noble audace,
Et dans cette chaleur où nous faisions main-basse.

Vn homme m'a crié, pâle & tremblant d'effroy,
Ie me rends en vos mains, Seigneur, conseruez-moy.
Ie puis vous asseurer qu'en sauuant ma personne,
Vous gagnerez vn prix qui vaut vne Couronne.
Cette haute promesse a fait haster mes pas
Pour le tirer soudain d'vn fascheux embarras,
Et comme ma valeur l'a tiré de la presse,
Il a par ce Coffret accomply sa promesse.
Mais comme il se sentoit blessé mortellement,
D'vne voix foible & basse il m'a dit seulement :
Du grand Comte d'Vrgel ie suis le Secretaire,
Qui de tout son tresor me fit depositaire.
De grace publiez pour adoucir mon sort,
Que ie l'ay pour le moins gardé jusqu'à la mort.
En acheuant ces mots il chancelle, il expire.

GVSMAN.

Apres auoir tant fait, qu'auoit-il plus à dire ?

ROGER.

I'ay seruy ma Princesse auec beaucoup de fruit,
Et ce fameux exploit va faire assez de bruit.

GVSMAN.

En venant apporter cette heureuse nouuelle,
Vous auez auec vous vn témoin bien fidelle :
Cet Escrin tout remply de larges Diamans
Confondra l'artifice & les déguisemens.

ROGER.

Ouy, si dans ce jardin, comme ie me propose,
Ie rencontre ma Sœur pour luy dire la chose,
Ie la veux informer de ce coup glorieux,
Et mettre entre ses mains ce depost precieux.
Aurore qui paroist de soucis accablée,
S'appuyant sur ma Sœur, passe dans cette Allée,
La crainte me saisit, cachons nous en ces lieux,
Elle m'a deffendu de paroistre à ses yeux.

SCENE II.

AVRORE, DIANE, ELVIRE.

AVRORE.
Diane, vois-tu bien comme il fuit ma rencontre?
DIANE.
Il se cache, il est vray, mais son respect se montre.
AVRORE.
Icy l'auersion peut passer pour respect.
DIANE.
Et le vray pour le faux à qui tout est suspect.
AVRORE.
Mais il pouuoit passer auec moins de vistesse.
DIANE.
Mais il vouloit garder l'ordre de vostre Altesse.
C'est par commandement qu'il destourne ses pas,
Et vous le blasmeriez s'il ne le faisoit pas.
Le feray-ie appeller sans tarder dauantage?
AVRORE.
Plustost mourir cent fois qu'il eust cet auantage.
DIANE.
Vous remettriez la joye en vn cœur affligé.
AVRORE.
Ie ne veux rien du tout en vn cœur partagé.
DIANE.
Sans doute vos soupçons luy font vn tort extréme.
AVRORE.
Mais si j'estois sa sœur, ie dirois tout de mesme,
Ie voudrois le seruir, ie voudrois l'excuser,
Et porter tout le monde à le fauoriser.

Dans ces chers mouuemens qu'inspire la Nature,
On va jusqu'au mensonge & jusqu'à l'imposture.
De Lothaire tantost ie n'ay que trop appris
Que Roger n'a pour moy que haine & que mépris,
Et tout son procedé trop clairement exprime
Qu'il n'a pour Leonor que tendresse & qu'estime.
Ce que tu dis pourtant passe en mon souuenir
Comme vn songe plaisant que ie veux retenir;
Par obligation ie dois aimer Lothaire,
Par inclination ie panche vers ton frere,
Et cette émotion qui vient du Firmament
Est plus forte cent fois que mon raisonnement.
Mais le sommeil me presse, & de nostre sortie
Le soin jusqu'à present m'a tousiours diuertie,
Ie veux vn peu dormir dessus ce gazon frais,
Sur qui ces verds rameaux font vn ombrage espais.

DIANE.

Vous plaist-il que l'on chante vn air qui soit capable
D'introduire en vos sens ce sommeil agreable?

AVRORE.

Il est bien à propos, Diane, prens ce soin
Qu'il n'entre icy personne & qu'on chante vn peu
 loin.

CHAN-

CHANSON.

Amour, détache ton bandeau
Pour voir l'ouurage le plus beau
Qu'ait iamais formé la nature;
On y voit briller tant d'appas,
Que les seuls traits de sa peinture
Pouuoient ébaucher mon trépas.

O Vous, dont la vaine splendeur
Voudroit contester de grandeur
Auec la beauté que i'adore,
Vos trauaux n'auront point de fruict,
L'éclat d'vne si belle Aurore
Esteint tous les Feux de la Nuict.

SCENE III.

AVRORE, ELVIRE, LOTHAIRE.

ELVIRE.

HA! Seigneur, n'entrez point, la Princesse repose.
LOTHAIRE.
Eluire, de ma part ne crains aucune chose.
ELVIRE.
Vous luy pourrez tantost parler plus à propos.
LOTHAIRE.
Laisse moy, ie sçauray respecter son repos:

D

Ie ne troubleray point vne beauté si chere,
Mes souhaits les plus doux ne tendent qu'à luy
plaire,
I'attendray son réueil, prenant icy le frais.

Eluire se retire.

L'on excuse vn Amant, auançons nous plus prés.
Mais prenons-luy ces fleurs, afin que leur absence
L'instruise à son réueil de nostre diligence.

Il luy oste vn bouquet.

Ie veux escrire icy des vers sur ce sujet,
Qui ne déplairont pas à ce charmant objet.

Il escrit sur des Tablettes.

Laissez-moy ces fleurs en partage,
L'éclat de vostre beau visage
Ternit leurs plus viues couleurs ;
N'en trouuez point la perte estrange,
Celuy qui vous oste des fleurs,
Vous laisse son cœur en eschange.

Ces vers à mon aduis ne sont pas mal tournez.
Il n'est rien d'impossible aux cœurs passionnez,
Il ne faut point tracer mon nom sous ces fleurettes,
Elle reconnoistra sans doute mes Tablettes ;
Posons-les, & de peur de troubler son sommeil,
Dans ce beau pourmenoir attendons son réueil.

SCENE IV.

AVRORE, ROGER, GVSMAN.

GVSMAN *sortant d'vne allée.*

Ie le voy.

ROGER.

Que vois-tu ?

GVSMAN.

L'objet de vostre haine,
Lothaire qui tout seul dans ces lieux se proméne,
Il cherche la Princesse.

ROGER.

Il n'en faut point douter.
Ie sens en le voyant mon couroux s'augmenter,
Et s'il auoit l'orgueil de m'aborder encore,
Ie pourrois oublier les deffences d'Aurore.

GVSMAN.

I'apperçoy la Princesse.

ROGER.

Esuitons son abord.

GVSMAN.

Elle est seule.

ROGER.

Il n'importe.

GVSMAN.

Arrestez, elle dort.

ROGER.

Elle dort ?

GVSMAN.

Approchez.

D ij

LES COVPS DE L'AMOVR

ROGER regardant Aurore.

Merueille que j'adore,
Vous qui réueillez tout, vous dormez, belle Aurore!
Et toutes les beautez, les charmes les plus doux,
Les Graces, les Amours dorment auecque vous!
Mais qui peut auprés d'elle auoir mis ces Tablettes,
Ces vers de mes soupçons seront les interpretes,
Regardons ce que c'est.

Aprés auoir leu.

Vers assez peu censez,
De ce feüillet icy vous serez effacez;
Et ie suis obligé d'en mettre à vostre place,
Qui se presenteront auecque plus de grace.

Le plus fidelle des Amans
Vous a donné ces Diamans
Qui brillent bien moins que sa flâme;
Et sans rien exiger de vous,
Il borne ses vœux les plus doux,
A vous donner encor son ame.

Laissons auec ces vers ce Coffret precieux,
Afin qu'à son réueil elle y porte les yeux :
Ma Sœur qui connoistra d'abord mon escriture,
Luy pourra sur ce fait donner quelque ouuerture,
Et nous viendrons aprés par son commandement
Luy conter en détail ce grand éuenement.
Elle s'éueille; ô Dieux! quelle rigueur extréme
De se voir obligé de fuyr ce que l'on aime.

SCENE V.

AVRORE éueillée.

Aimable & doux sommeil qui me pressois les yeux,
Tu n'es iamais d'accord auec l'Astre des Cieux!
Tandis qu'il rend les Monts & les Plaines fertiles,
Il seiche ses Pauos & les rend inutiles,
Ie ne puis plus dormir, le chaud & la clarté
Bannissent de mes sens le repos souhaitté.
Aussi bien ma grandeur se trouue interessée
Au succez de l'exploict qui regne en ma pensée.
Mais qu'est-ce que ie tiens, & qu'est-ce que ie voy?
D'où me vient cet Escrin! fille, qu'on vienne à moy.
Ce que ie trouue icy, me surprend & m'estonne:
Tandis que ie dormois, n'est-il entré personne?

SCENE VI.

ELVIRE, AVRORE.

ELVIRE.

Lothaire seul, Madame, a pris la liberté
D'entrer en ce Iardin contre ma volonté.

AVRORE.

Sans doute c'est à luy que ie suis redeuable
D'vn present si galand & si considerable;
Ie dois m'en asseurer, c'est le fidelle Amant,
Par qui les bons succés m'arriuent en dormant.

D iij

LES COVPS DE L'AMOVR

Ces Tablettes aussi me sont assez connuës,
Lothaire prés de moy souuent les a tenuës:
Il faut les feüilleter, possible qu'à les voir
I'apprendray de sa main ce que ie veux sçauoir.
Ie ne voy que des vers, lisons: à la Princesse
Lothaire veut par tout faire voir son adresse.

Le plus fidelle des Amans
Vous a donné ces Diamans
Qui brillent bien moins que sa flâme;
Et sans rien exiger de vous,
Il borne ses vœux les plus doux;
A vous donner encor son ame.

O Fortune! il falloit que pour bien m'obliger
Ces vers & ces faueurs me vinssent de Roger,
L'offence qu'il m'a faite, en seroit effacée,
A suiure mes desirs ie me verrois forcée;
Ie perdrois des soupçons que ie garde à regret,
Ie ne haïrois plus ce que j'aime en secret;
Cet objet à la fois d'amour & de colere,
Qui tout ingrat qu'il est, ne me sçauroit déplaire:
Et ie ne serois pas reduite à caresser
Vn Prince qu'on ne peut assez recompenser.
Mais qui par vn instinct qui n'est pas conceuable,
Tout obligeant qu'il est, ne peut m'estre agreable,
Ce charmant importun. Mais, ô Dieux! le voicy.

SCENE VII.

LOTHAIRE, AVRORE, ELVIRE.

LOTHAIRE.

Madame, j'attendois voſtre réueil icy,
A deſſein de vous faire vn recit veritable
D'vne expedition dont ie ſuis reſponſable.
Nos gens ayant d'abord enleué deux quartiers,
Auoient deſia battu des Regimens entiers,
Quand le Comte ſuiuy d'vne troupe aguerrie,
Ralia les trois parts de la Caualerie,
Lors les voyant marcher en vn ordre meilleur,
Oppoſans en tous lieux le nombre à la valeur :
Enfin nous auons fait vne retraite vtile,
De peur d'eſtre coupez du coſté de la ville,
Où nos gens par l'effort de voſtre heureux deſtin,
Sont rentrez tous couuerts de gloire & de butin.

AVRORE.

Ce recit eſt remply de trop de modeſtie ;
Du ſuccez de vos ſoins ie ſuis bien aduertie,
Et d'illuſtres Témoins m'ont deſia fait ſçauoir
Que pour m'en acquiter ie manque de pouuoir.

LOTHAIRE.

Si le Sort euſt voulu ſeconder mon courage,
I'euſſe obtenu ſans doute vn plus grand auantage:
Mais quand j'aurois pour vous ſçeu vaincre entiere-
Ie ſerois trop payé d'vn regard ſeulement.   (ment,

AVRORE.

Ne deſaduoüez point le bien que vous me faites:
Quoy que vous en diſiez, j'en croiray vos Tablettes.

LES COVPS DE L'AMOVR
LOTHAIRE.
I'ay pris la liberté d'y tracer quelques vers.
AVRORE.
C'est par eux que vos soins m'ont esté découuerts:
Mais d'où vient que ces fleurs en vos mains sont tombées?

Elle void son bouquet dans les mains de Lothaire.
LOTHAIRE.
Pendant vostre sommeil ie les ay dérobées.
AVRORE.
Ie souffriray tousiours des larcins à ce prix,
Vous m'auez plus donné que vous ne m'auez pris,
Ie sçay bien à quel point ie vous suis redeuable,
Ie dois nommer faueur cette échange agreable.
LOTHAIRE à part.
O bonté sans égale! elle appelle faueur
Le vol de son bouquet & le don de mon cœur.
AVRORE.
Vous faites l'estonné?
LOTHAIRE.
Vostre bonté m'estonne:
Vous faites trop d'estat du peu que ie vous donne.
AVRORE.
Ce que vous me donnez, a droit de me charmer.
LOTHAIRE.
Qu'entends-je? mon bon-heur se peut-il exprimer?
AVRORE *montrant l'Escrin.*
C'est vouloir encherir sur les Galanteries,
Que de payer des fleurs auec des Pierreries,
Elles viennent de vous, ne me le celez plus.
LOTHAIRE.
O Dieux! que vois-je?
AVRORE.
En vain vous faites le confus,

ET DE LA FORTVNE.

Ce sont à mon aduis des marques éclatantes
Que vous auez forcé les principales Tentes.
LOTHAIRE.
Cet Amas de Brillans seroit plus precieux
S'il auoit tout l'éclat qui sort de vos beaux yeux.
AVRORE.
Afin de m'obliger par des faueurs discrettes,
Vous l'auez icy mis auecque vos Tablettes,
Le Butin est fort rare, & le Traict fort galant,
Toutes vos actions n'ont rien que d'excellent:
Asseurez-vous qu'Aurore est fort reconnoissante.
Mais d'où vient que Roger à mes yeux se pre-
 sente ?
LOTHAIRE.
Il approche, & vostre ordre est assez mal gardé.

SCENE VIII.
ROGER, GVSMAN, AVRORE,
LOTHAIRE.

AVRORE.
Qvi vous améne icy ? vous ay-je demandé ?
ROGER.
Madame, vn attentat horrible vous regarde,
Qui de m'offrir à vous fait que ie me hazarde.
Prés du mur du Iardin marchant au petit pas,
Ie viens d'ouyr des gens qui parloient assez bas;
Le mur nous separoit, & par vne merueille,
Ces mots plus éleuez ont frappé mon oreille.
Ouy, sur ce stratagéme il se faut arrester;
La chose est bien concluë, il faut l'executer,

Par-là Stelle est vengée, & sa Sœur est détruite,
Il faut qu'elle perisse elle & toute sa suite.
I'ay fait lors vn effort pour voir les assassins
Qui forment contre vous de si cruels desseins:
Mais par vn grand malheur la muraille ébranlée,
S'est entre mes deux mains par le haut escroulée,
M'a fait choir auec elle, & ne m'a pas permis
De saisir ny de voir vos secrets ennemis.

AVRORE.

Cét aduertissement est si fort ridicule,
Qu'il n'estonneroit pas l'esprit le plus credule.
Comment peut-on parer de pareils attentats,
Et se garder de gens que l'on ne connoist pas ?
Ie seray redeuable à vos auis fidelles
Quand vous m'apporterez de meilleures nouuelles,
Lors que vous aurez fait quelque grande Action,
Dont le recit réponde à nostre attention.

ROGER.

Vous serez redeuable à mes auis fidelles
Quand ie vous porteray de meilleures nouuelles;
Et lors que j'auray fait quelque grande Action,
Dont le recit réponde à vostre attention ?
Princesse, ie reclame icy vostre Iustice,
Est-il rien de plus grand que mon dernier seruice ?
Pendant vostre sommeil prés de vous j'ay remis
Ce Butin que j'ay fait entre vos ennemis ;
Pourriez-vous démentir ce brillant témoignage
Qui fait voir où mon zele a porté mon courage ?

AVRORE.

Vous pretendez sans doute augmenter mon cou-
  roux,
Ce present m'est venu d'vn plus vaillant que vous.
Aux faciles esprits l'on peut tout faire croire :
Mais ce n'est pas ainsi qu'on acquiert de la gloire.

ET DE LA FORTVNE.

ROGER.
Pouuez-vous soupçonner mon courage & ma foy?
En faisant tout pour vous, n'ay-je rien fait pour moy?
Et ce riche tresor où ma valeur s'exprime,
N'a-il pas merité seulement vostre estime?

AVRORE.
Pensez-vous m'abuser par ces déguisemens?

GVSMAN à part.
Il est bien satisfait de tels remerciemens.

ROGER.
Par quel charme faut-il que mes trauaux penibles
Ne recueillent pour fruit que des douleurs sensibles:
Et qu'enfin ma valeur ne reçoiue autre prix
Que les rigoureux traits d'vn iniuste mépris?

AVRORE à Lothaire.
Hé bien, qu'en dites-vous?

LOTHAIRE.
L'insolence est extrême.

ROGER.
Ce que ie dis, Madame, est la verité mesme.
I'ay pris ces Diamans.

AVRORE.
Et moy ie n'en croy rien,
Ils viennent de Lothaire, & ie le sçay fort bien:
Ne vous obstinez pas à dire le contraire,
A moins que de vouloir redoubler ma colere.

ROGER.
Malgré vostre injustice & mon ressentiment,
Ie vous obeïray, Madame, aueuglément;
Ie souffriray qu'vn lasche en bonheur me surmonte,
Et qu'il ait tout l'honneur, & moy toute la honte.

LOTHAIRE.
Il croit que ses discours pourront vous deceuoir.

LES COVPS DE L'AMOVR

AVRORE.
Non, non, j'ay trop de joye à ne luy rien deuoir.
LOTHAIRE.
Pour vous tromper sans doute il prend mal ses mesures,
Vous ne vous laissez pas surprendre aux impostures.
ROGER.
Quoy, de tous mes trauaux vous estant fait l'autheur,
Osez-vous bien encor me traitter d'imposteur?
AVRORE.
C'en est trop, c'en est trop, ma patience est lasse
De voir joindre à mes yeux le mensonge à l'audace.
Sortez.
ROGER.
Cette rigueur m'estonne au dernier point.
AVRORE.
Retirez-vous, vous dis-je, & ne repliquez point.
ROGER.
Ma valeur parlera quand vous me ferez taire.
AVRORE.
C'est trop perdre de temps, ramenez-moy, Lothaire.

SCENE IX.

ROGER, GVSMAN.

ROGER.
HA! cruelle Princesse, à qui tout semble deû,
C'est pour moy seulement que le temps est perdu!
O rigoureux mépris! ô dures barbaries!
GVSMAN.
Ma foy l'on a fort mal payé vos pierreries.

Aurore

Aurore est mal apprise, & ces beaux Diamans
Valoient bien tout au moins quelques remercîmēs:
Mais il n'écoute point.

ROGER.

Poursuy, diuine Aurore!
Sois plus méconnoissante & plus injuste encore,
Donne plus d'estenduë à cette cruauté
Qui pour moy se rencontre égale à ta beauté,
Et deuien, s'il se peut, plus fiere & plus cruelle
Que tu n'es à mes yeux noble, charmante & belle,
Tes injustes rigueurs ne m'empescheront pas
De te seruir par tout jusques à mon trépas;
De prodiguer tousiours mon sang pour ta querelle,
Et d'affermir enfin ton Trône qui chancelle.
Suy moy, cherchons ma Sœur, & faisons vn effort
Pour vaincre mon malheur, ou pour haster ma mort.

Fin du troisiéme Acte.

LES COVPS DE L'AMOVR

ACTE IV.

SCENE PREMIERE.
ROGER, AVRORE.

ROGER, *posant Aurore évanoüye sur vn Gazon, apres l'auoir retirée du Palais qui paroist embrasé.*

ENFIN, grace à l'Amour, j'ay sauué de la flame
Celle qui fit entrer tant de feux dans mon Ame !
Mais, ô de tant de soins fatal éuenement !
Cette rare beauté reste sans mouuement,
Et tous mes vains efforts dans ces débris funestes,
D'vn objet si charmant n'ont sauué que les restes;
Les Astres de la nuict par leur sombres clartez
Ne me font que trop voir ces tristes veritez;
Ses appas ont perdu leur grace accoustumée,
Sa bouche sans couleur est à demy fermée,
Ses charmes sont esteins, & la Mort à son tour
Triomphe insolemment où triomphoit l'Amour!
Mais loin de quereller les Destins de sa perte,
Ie doy me l'imputer, puisque ie l'ay soufferte;
I'ay dû pour conseruer le fil de ses beaux iours,
Préuoir mieux son peril & haster mon secours,

ET DE LA FORTVNE.

Et mon retardement qui luy couste la vie,
Est vne trahison qui doit estre punie:
Ie me suis fait coupable en la laissant perir,
Pour elle j'ay vescu, pour elle il faut mourir,
Et joindre auec ce fer pour signaler ma flame,
Mon trépas à sa mort, & mon ame à son ame:
Toutesfois differons ce dessein d'vn moment,
Ie n'ay fait de sa mort qu'vn douteux iugement,
Possible par bon-heur qu'elle n'est que pasmée,
Ce peut estre vn effet de la seule fumée.
Aucuns de ses habits ne se trouuent brûlez,
Et ses esprits pourront estre encor rappellez:
Mais ie mettrois fort mal ce secours en vsage.
Cherchós quelqu'vn des siens sans tarder dauantage,
Et venons dans ces lieux apres, au gré du sort,
Ou luy rendre la vie, ou me donner la mort. *Il sort.*

SCENE II.

LOTHAIRE, LAZARILLE, AVRORE.

LOTHAIRE.

Ton effort vainement s'oppose à mon enuie,
Puis qu'Aurore n'est plus, ie dois perdre la vie;
Et pour me reünir au sujet de mon deüil,
De ce Palais en feu faire au moins mon cerceüil.
O funeste accident!

LAZARILLE.

Qu'auez-vous à vous plaindre?
Dans ce Iardin, Seigneur, nous n'auons rien à
craindre,

E ij

LES COVPS DE L'AMOVR

Et de ce grand Palais l'embrasement fatal
Ne doit point faire icy ny de peur ny de mal.

LOTHAIRE.

Ah ! c'est trop iustement que la douleur m'emporte,
Ne m'as-tu pas conté que la Princesse est morte;
Ne m'as-tu point apris que cét objet charmant
Se trouue enueloppé dans cet embrasement,
Et que desia par-tout le bruit vient de s'épandre,
Qu'vn chef-d'œuure si beau n'est plus que de la cendre ?

LAZARILLE.

Seigneur, c'est vn malheur qu'on ne pouuoit celer,
Et dont le seul remede est de s'en consoler.

LOTHAIRE.

Peut-on se consoler d'vne telle disgrace ?
Mais retourne à la ville & voy ce qui s'y passe,
Sans doute que ce feu vient de nos Ennemis,
Et qu'on doit redouter quelque chose de pis.

SCENE III.

LOTHAIRE, AVRORE.

LOTHAIRE.

ENfin ie me vois libre, & ie puis sans contrainte
Suiure le desespoir dont mon Ame est atteinte.
Ne faisons point icy de regrets superflus;
Il faut, il faut perir, Aurore ne vit plus.
Le trépas fait ma perte, il faut qu'il m'en console,
Qu'il joigne encor ma vie au tresor qu'il me vole,
Et que pour assouuir pleinement sa rigueur,
Il triomphe d'Aurore au milieu de mon cœur.

ET DE LA FORTVNE.

O Dieux! ne vois-je pas l'ombre de cette Belle
Qui vient de ses Amans reuoir le plus fidelle?
Non, ie suis abusé, ce n'est que son beau corps,
Et son Ame est desia sans doute entre les morts.
O trop infortunée & trop aymable Aurore!
Console d'vn regard vn Amant qui t'adore.
Mais en vain ie luy parle, elle est sourde à ma voix,
Ie la recouure ensemble & la perds à la fois;
Ie la trouue, il est vray: mais ie la trouue morte,
Quand ie me croy guery, ma douleur est plus forte,
Et j'apprens à l'objet d'vn si cruel trépas,
Qu'il m'eust esté plus doux de ne la trouuer pas.
Son malheur par mes cris ne deuiendra pas moin-
 dre.
Attends, Aurore, attends, ie m'en vay te rejoindre,
Et ce fer par mes mains va punir ton Amant,
D'auoir apres ta mort vescu plus d'vn moment.
Aurore, belle Aurore!

   A V R O R E reuenant de sa pâmoison.
    Où suis-je & qui m'appelle?
   L O T H A I R E.

Celuy pour qui vos maux sont vne mort cruelle,
Qui veut rendre vos iours, non les siens assurez,
Qui vit si vous viuez, qui meurt si mourez;
Et qui jusqu'au Tombeau s'obstinant à vous suiure,
Vous croyant desia morte, alloit cesser de viure.

   A V R O R E.

C'est donc à vous, Lothaire, à qui ie doy le iour,
Vous ne pouuiez iamais marquer mieux vostre
 Amour:
O miracle inoüy, que ie ne puis comprendre!
Quel autre qu'vn Amant auroit pû l'entreprendre?
Amour, pour vn dessein si grand, si perilleux,
Il faut trouuer vn cœur échauffé de tes feux!

       E iij

Vous qui pouuez pretendre à plus que vous ne faites,
Apprenez qui ie suis m'ayant dit qui vous estes;
Ie suis celle qui croit deuoir tout à vos soins,
Celle qui donne plus quand on attend le moins,
Dont le cœur est sensible à la reconnoissance,
Qui s'impute à bon-heur vostre perseuerance,
Qui vous doit son salut, qui ne vit que par vous,
Qui croit que vostre amour a fait de si grands coups,
Et confesse qu'apres cette action sublime,
Elle doit quelque chose au-delà de l'estime.

LOTHAIRE *à part les deux premiers vers.*
Elle se trompe fort, secondons son erreur,
Vn mensonge amoureux ne me fait point d'horreur,
Ce discours obligeant paye auec trop d'vsure
Ce que j'ay fait pour vous en cette conjecture.

AVRORE.
Sçachez que vostre prix passera vostre espoir.

LOTHAIRE.
Ie sçay que qui vous sert, ne fait que son deuoir.

AVRORE.
Mon salut ne vient pas d'vne valeur commune.

LOTHAIRE.
Ma valeur a moins fait que ma bonne fortune;
I'entens du bruit.

SCENE IV.
DIANE, AVRORE, LOTHAIRE.

DIANE.

Madame, ô Dieux ! par quel bon-heur
De vous baiser les mains ay-je encore l'honneur ?

AVRORE.

Diane, mon salut de Lothaire est l'ouurage,
Admire son amour, admire son courage :
Si tost que cét horrible & prompt embrasement
Commença d'élater dans mon appartement,
Dedans vn Cabinet où j'estois renfermée,
I'apperceus tout à coup vne espaisse fumée,
Et surprise des cris qu'on me faisoit oüir,
La fumée augmentant me fit éuanoüir ;
Et si Lothaire enfin m'eut lors abandonnée,
La flamme eut acheué ma triste destinée :
Iuge auant qu'il ait pû jusqu'icy m'enleuer
Quels horribles perils il aura sçeu brauer.

DIANE.

Sa mort en ce dessein deuoit estre infaillible.

LOTHAIRE.

Pour vn homme amoureux il n'est rien d'impossible.

AVRORE.

Ie vous conjure encore en ce pressant besoin,
D'empescher que le feu ne s'estende plus loin,
Ioignez à mon salut la seureté publique.

LOTAIRE *en se retirant*.

Lors que vous commandez j'obeïs sans replique.

LES COUPS DE L'AMOUR
AURORE.
Ma perte estoit certaine en vn si grand danger,
Si j'auois attendu le secours de Roger;
Et peut-estre en lieu seur d'vne ame indifferente
Il songe qu'à present ie suis morte ou mourante.

SCENE V.
ROGER, ELVIRE, GUSMAN, AURORE, DIANE.

ROGER.
Vous viuez, ma Princesse, & les Cieux cour-
  roucez
Ont donc en cét instant tous mes vœux exaucez;
Se peut-il que viuante encor ie vous reuoye?
I'allois mourir d'ennuy, ie vay mourir de joye.

AURORE.
Ie vis encor, Roger, mais sçauez-vous comment
I'éuite la fureur de cét embrasement?

ROGER.
C'est de moy seulement que vous pourrez l'apprendre.

AURORE.
Vostre aduis me surprend.

ROGER.
                    Il doit bien vous surprendre,
Le feu comme vainqueur dans le Palais logé,
Dans vostre appartement auoit tout rauagé;
Les plus riches lambris par cent bouches bean-
  tes
Vomissoient vers le Ciel des flames petillantes,

ET DE LA FORTVNE. 57

Lors qu'estant accouru pour vous en dégager,
Mon desir s'est accreu par l'horreur du danger,
Malgré l'obscurité d'vne espaisse fumée,
Et le mortel effroy de la flame allumée,
Sans en estre estonné que pour vous seulement
Ie me suis fait passage en vostre appartement.

AVRORE.

Où m'ayant aussi-tost rrouuée éuanouïe,
Et surpassant du feu la vitesse inouïe,
Vos bras de ce fardeau s'estant voulu charger
M'ont conduite en ces lieux éloignez du danger?

ROGER.

Il n'est rien de plus vray.

AVRORE.

      Vostre audace me fasche,
Il n'est rien de si faux qu'vn mensonge si lasche.

ROGER.

D'où vous naist ce courroux?

AVRORE.

      Vous feignez assez bien;
A faire le surpris vous ne gagnerez rien.

ROGER.

Doutez-vous...

AVRORE.

     Non, ie sçay que ie serois sans vie
Si j'auois attendu que vous m'eussiez suiuie.

ROGER.

Quoy, vous pourriez penser...

AVRORE.

      Que vous m'estimez peu,
Que vous aimez la vie, & craignez bien le feu;
Que Lothaire est celuy qui m'en a preseruée.

ROGER.

Lothaire, dites-vous...

LES COVPS DE L'AMOVR
AVRORE.
Ouy, luy seul m'a sauuée
Lors que si lâchement vous me laissiez perir,
Et sans vous émouuoir, & sans me secourir ;
Luy qui n'est qu'estranger, & de qui la naissance
Ne l'interessoit point à prendre ma deffence,
Qui sans paroistre ingrat, lâche & mauuais parent,
Pouuoit voir mon trépas d'vn œil indifferent ;
Luy seul brauant l'horreur d'vne mort asseurée
M'a genereusement des flames retirée :
L'estime que j'en fais semble vous irriter,
Puis qu'il braue la flame, il est à redouter.
ROGER. (faire
Quoy que pour vous sauuer mon courage ait pû
Vous ne me deuez rien.
AVRORE.
Ie dois tout à Lothaire,
Ie le reconnoy seul pour mon liberateur,
Vous, pour mauuais parent, & pour lâche imposteur.
ROGER.
Est-ce luy qui le dit ?
AVRORE.
Mon Roger, c'est moy-mesme.
ROGER.
Ie me tay, car pour vous mon respect est extréme,
A d'éternels mépris ie me sens destiné,
Lothaire est trop heureux, moy trop infortuné.
GVSMAN à Roger à part.
Quoy, Seigneur, vous souffrez ce qu'on dit de
Lothaire ?
ROGER.
La Princesse le dit, c'est à moy de me taire,
Et malgré ma douleur & mon ressentiment,
Ie ne veux pas icy faire éclaircissement.

ET DE LA FORTVNE. 59
à Aurore.
Enfin Lothaire a sçeu vous sauuer de la flame ;
C'est vostre sentiment ; mais qui l'a veu, Madame ?
AVRORE.
Mes yeux sont les témoins de ce que ie luy doy.
ROGER.
Des témoins si brillans sont des Iuges pour moy,
Pour estre recusez, ils ont trop de lumiere,
Ie leur immoleray ma gloire toute entiere ;
Ie veux mesme oublier mon seruice rendu,
Et souffrir que Lothaire ait l'honneur qui m'est dû,
Vn si cruel mépris ne peut m'oster l'enuie
De perdre encor pour vous & mon sang & ma vie.
AVRORE.
Son respect m'attendrit, que ne peut-il prouuer
Que ie suis abusée, & qu'il m'a pû sauuer ?

SCENE VI.

LAZARILLE, AVRORE, ROGER,
GVSMAN, DIANE, ELVIRE.

LAZARILLE.

Vostre Altesse sçaura que l'ennemy s'auance,
Que le feu du Palais rend les murs sans deffence,
Et que pour profiter de ce trouble fatal
Stelle vient vous donner vn assaut general.
AVRORE.
Ie luy feray connoistre en Princesse outragée,
Que si ie doy perir, ie doy perir vangée.

DIANE.

Auant toute autre chose il seroit à propos
Que vostre Altesse prist vn moment de repos.

AVRORE. (sonne,

Non, ie veux donner l'ordre, & combattre en per-
Mon repos est moins cher que n'est vne Couronne.

ROGER.

Madame, en ce combat ma valeur fera foy,
Qui sçait mieux vous seruir de Lothaire ou de moy;
Malgré vostre rigueur & malgré vostre haine
Ie vous suiuray par tout.

AVRORE.

N'en prenez pas la peine,
Dans cette occasion vous me seruirez peu
Si vous craignez le fer de mesme que le feu.

SCENE VII.

DIANE, ROGER, GVSMAN.

DIANE.

MOn frere, desormais oserez-vous paroistre ?
Mais voy-je encor mon frere, & puis-je le
connoistre ?

ROGER.

Auprés de la Princesse vn Riual me destruit,
Et quand ie l'ay sauuée, il en reçoit le fruit.

DIANE.

Osez vous soustenir encor vostre imposture ?
De cette indignité ma tendresse murmure;
Auez vous fait dessein de tromper vne sœur,
Pour mieux tromper Aurore & regagner son cœur?

ROGER.

ROGER.
C'eſt porter juſqu'au bout ma honte & mon mar-
 tyre,
DIANE.
En luy parlant de vous, que luy pourray-je dire,
Quand ie luy vanteray vos ſeruices paſſez?
Ceux de voſtre Riual les auront effacez:
Et quand ie luy diray, fauoriſez mon frere,
Elle me reſpondra, ie doy tout à Lothaire.
Ie voy que voſtre eſprit commence à s'irriter;
Mais apprenez enfin que ie ne puis flater.
ROGER.
Lors que chacun m'outrage & me fait injuſtice,
Ma ſœur veut-elle encor agrauer mon ſupplice?
DIANE.
Ha! vous deuiez agir en veritable Amant,
Vous jetter dans la flame auec empreſſement,
Et par ce noble effort d'amour & de courage
Oſter à vos Riuaux ce nouuel auantage;
Le danger eſtoit grand, mais mon frere en effet
Vous pouuiez acheuer ce que Lothaire a fait.
Vne ame par l'amour aux feux accouſtumée
Deuoit moins s'étonner de la flame allumée.
Adieu.

F

SCENE VIII.

ROGER, GVSMAN.

ROGER.

Fvt-il iamais Amant plus malheureux?
Efprouua-t'on iamais vn fort plus rigoureux ?
A-t'on iamais receu de plus viues atteintes?
Et pouffa-t'on iamais plus iuftement des plaintes?

GVSMAN.

Vit-on iamais Princeffe en vn pareil effet
De plus fotte façon reconnoiftre vn bien-fait ?
Vit-on iamais Amant plus heureux que Lothaire,
Entre tous les Amans que le Soleil éclaire ?
Iamais Maiftre fut-il mieux chauffé que le mien ?
Iamais Valet fut-il moins content que le fien,
Qui du matin au foir, quand la douleur le tuë
De cent plaintes d'Amour a la tefte rompuë ?

ROGER.

Par quel Arreft des Dieux & quel Deftin fatal
Ne fay-je rien de grand, qu'en faueur d'vn Riual,
Lors que ie fauue Aurore on dit que c'eft Lothaire.

GVSMAN.

La Princeffe le dit, c'eft à vous de vous taire.

ROGER.

Pour vaincre mon Deftin, ou le pouuoir fléchir,
Que faire ?

GVSMAN.

Aller au bain, & vous y rafraifchir.

ROGER.

Dans vn tel embaras quel chemin doy-je fuiure ?

ET DE LA FORTVNE. 63
GVSMAN.
Le chemin du logis.
ROGER.
Lothaire la deliure,
Le croit-elle?
GVSMAN.
Elle croit que vous l'eſtimez peu,
Que vous aimez la vie, & craignez bien le feu.
ROGER.
Doy-je encor luy parler? que faut-il que j'eſpere?
GVSMAN.
Qu'elle vous répondra, Ie doy tout à Lothaire,
Ie le reconnoy ſeul pour mon liberateur,
Vous pour mauuais parent & pour laſche impoſteur.
ROGER.
Parle-tu bien ainſi ſans craindre ma colere?
GVSMAN.
La Princeſſe l'a dit, c'eſt à vous de vous taire.
ROGER.
La Princeſſe l'a dit, ah! ie m'en reſſouuiens,
Deſſus ſes ſentimens ie doy regler les miens;
Contre vn Arreſt qui vient d'vne bouche ſi belle
La plainte la plus iuſte eſt toûjours criminelle:
Mais Paſſaut ſe prepare, & nous deuons ſonger
Que la Princeſſe y peut courir quelque danger:
Allons ſuiure ſes pas, & courre ſa Fortune,
Allons perdre pour elle vne vie importune,
Et ne nous plaignons point du Sort injurieux,
S'il me permet au moins de mourir à ſes yeux.

Fin du quatriéme Acte.

F ij

ACTE V.

SCENE PREMIERE.

ELVIRE, AVRORE *dans le Palais.*

ELVIRE.

DIEVX, se peut-il encor que vostre Altesse viue?

AVRORE.

Sans vn vaillant Guerrier j'estois morte ou captiue,
Le peril est si grand que ie viens d'éuiter,
Que le recit tout seul te doit épouuanter :
Déja de l'Ennemy les Troupes auancées
Auoient de nos Dehors les défenses forcées;
Et déja par mes soins nos gens de toutes parts
Défendoient la Muraille & bordoient les Remparts,
Alors que pour haster ou vaincre ma disgrace
Auec mille Cheuaux ie sortis de la Place.
La Nuict regnoit encor, & l'ennemy d'abord
Creut que nostre Party sans doute estoit plus fort,
Et cessant d'attaquer afin de se défendre
Il se trouua surpris lors qu'il pensoit surprendre ;
Enfin les Assaillans en ce puissant effroy
Laissoient la Place libre & fuyoient deuant moy,

ET DE LA FORTVNE.

Quand le Iour rallumant ses lumieres esteintes
Leur fit voir ma foiblesse, & dissipa leurs craintes.
Ce fut dans ce moment que ma superbe Sœur
Reuint fondre sur nous auec tant de fureur,
Qu'apres cent vains efforts ie me trouuay reduite
A ne plus esperer de salut qu'en ma fuite :
Mais mon cheual sous moy blessé mortellement,
En tombant m'engagea dans son trébuchement;
Et sans vn grand Heros, dont la valeur m'estonne,
Cette cheute attiroit celle de ma Couronne.
Il fit plus d'vn miracle afin de me sauuer,
Seul faisant teste à tous il vint me releuer,
Et de sa qualité refusant de m'instruire,
Il sortit de la ville ayant sçeu m'y conduire.

ELVIRE.

Quoy, ce liberateur ne vous est pas connu?

AVRORE.

I'ignore de quel bras mon salut est venu,
Ma Bague qu'il receut apres m'auoir sauuée,
Auec vne Esse double en son Escu grauée,
Seront les seuls témoins à qui j'auray recours,
Pour connoistre la Main qui prolonge mes iours.
Mais qu'est-ce que tu tiens?

ELVIRE.

     C'est vne Mignature
Dont la flame a semblé respecter la peinture :
Ce Portrait est de vous, & ie l'ay ramassé
Dans vostre Cabinet où vous l'auez laissé.

AVRORE.

Que voy-je, Eluire? ô Ciel!

ELVIRE.

     Vous voyez tous vos charmes:
Mais qui pourroit causer vos soûpirs & vos larmes?

F iij

AVRORE.

Ce n'est pas sans sujet que ie verse des pleurs,
Ces traits dans mon esprit retracent mes malheurs;
Cette Boette à Madrid dans ma seiziéme année
Au Prince d'Arragon de ma part fut donnée,
Et ie ne comprens pas quel accident secret
A pû faire en ces lieux rencontrer ce portrait:
Mais l'estat où ie suis à d'autres soins m'oblige,
Le peril se redouble alors qu'on le neglige,
Sans doute que ma cheute aura jetté l'effroy
Dans le cœur des Soldats qui combattent pour moy;
Et possible déja que quelqu'vn me vient dire
Que Barcelonne est prise, & que mon regne expire.

SCENE II.
DIANE, AVRORE, STELLE, ELVIRE.

DIANE.

Voicy Stelle, Madame, & mon frere a l'honneur
D'auoir causé sa prise & fait vostre bon-heur;
Agréez ce seruice, & souffrez que j'espere
Qu'il puisse en sa faueur calmer vostre colere.

AVRORE.

Tout criminel qu'il est, vn si rare present
Pour obtenir sa grace est plus que suffisant:
Il faut vous consoler, ma Sœur, vous deuez croire
Que ie sçay mieux que vous vser de la Victoire;
La Fortune vous braue, & j'ay moins de rigueur,
Elle est vostre Ennemie, & ie suis vostre Sœur:

Le Sort trahit souuent la plus belle Esperance,
Et n'a rien d'asseuré que sa seule inconstance;
Mais ma Tendresse encor sçaura vous obliger,
Vostre Fortune change, & ie ne puis changer.

STELLE.

C'est le plus grand des maux que j'ay pû iamais craindre
Que de voir mon malheur vous forcer à me plaindre ;
Ne vous contraignez pas, ie ne souhaite rien
D'vne main ennemie, & qui volle mon bien,
Et si mon infortune estoit moins incertaine,
Mon desespoir déja vous eust tiré de peine.
Mais vous deuez sçauoir pour vous combler d'effroy
Que le Comte d'Vrgel combat encor pour moy,
Et que quelque pouuoir icy qui me retienne,
Vostre captiuité suiura de prés la mienne,
Sçachez qu'au moindre bruit que fera mõ malheur,
Son desespoir encor accroistra sa valeur,
Et qu'il viendra bien-tost, en forçant Barcelonne,
Vous jetter dans les fers & m'éleuer au Trône.
Mais vous n'en doutez pas, & la feinte pitié,
Qui cache la grandeur de vostre inimitié,
N'est qu'vn moyen adroit pour obtenir ma grace
Alors que ma fortune aura changé de face,
Et lors que vous trouuant reduite sous ma loy,
Vostre Sort n'aura plus d'autre arbitre que moy.

SCENE III.

LAZARILLE, LE COMTE, AVRORE, STELLE, DIANE, ELVIRE.

LAZARILLE.

LE Comte est pris, Madame.
STELLE.
Ah, tout mon espoir cesse !
LAZARILLE.
Et Lothaire vainqueur l'enuoye à vostre Altesse.
LE COMTE.
Ma Princesse, ie viens partager vos douleurs,
I'ay combattu long-temps pour vaincre vos malheurs :
Mais de vostre accident la nouuelle semée
A fait lascher le pied à toute vostre Armée,
Et vous pouuez penser qu'il m'est beaucoup plus doux
D'estre icy prisonnier, que libre loin de vous.
AVRORE.
Ma Sœur, vostre esperance enfin se trouue esteinte,
Et vous allez sçauoir si ma tendresse est feinte ;
Le Comte ainsi que vous est reduit sous ma loy,
Et vostre Sort n'a plus d'autre arbitre que moy :
Mais ie me seruiray de ce bon-heur insigne,
Pour faire seulement sçauoir que j'en suis digne :
Ie doy vous releuer quand le Sort vous abat,
Et n'offriray pas moins que deuant le combat :
Ie vous cede, ma sœur, la moitié de l'Empire,
Mais aux conditions que ie vay vous prescrire.

ET DE LA FORTVNE.

STELLE.
Quand on veut faire grace en cette occasion,
On la fait toute entiere & sans condition.

AVRORE.
Qui veut la meriter en mesme conjoncture
Doit montrer moins d'orgueil & ceder sans mur-
 mure;
Ce que ie veux est iuste.

STELLE.
Et que pretendez-vous?

AVRORE.
Ie pretens vous donner le Comte pour espoux :
C'est la condition où vous serez forcée.
Sa constance doit estre enfin recompensée.

LE COMTE.
C'est me combler de gloire & me vaincre deux fois.

STELLE.
I'obeïray sans peine à de si douces loix.

AVRORE.
Allons à nos sujets apprendre ces nouuelles,
Allons faire cesser leurs soins pour nos querelles,
Et faisons publier que suiuant mes souhaits
Nostre Dissention a fait place à la Paix.

LAZARILLE *seul.*
Retournons au combat pour réjoindre mon
 Maistre.
Mais il est de retour, & ie le voy paroistre.

SCENE IV.

LOTHAIRE, LAZARILLE.

LOTHAIRE.

As-tu veu la Princeſſe ?
LAZARILLE.
Auec fidelité,
De vos ordres, Seigneur, ie me ſuis acquitté;
Vous pouuez tout pretendre.
LOTHAIRE.
Ouy, mais cét auantage
Me vient de la Fortune, & non de mon Courage.
LAZARILLE.
Le Merite aujourd'huy vaut moins que le Bon-heur;
Quand on acquiert vn Sceptre, on acquiert de l'Honneur ;
Rendez-vous ſans remords Comte de Barcelonne,
Tous les chemins ſont beaux quand ils ménent au Trône.
LOTHAIRE.
Voyons Aurore, allons.
LAZARILLE.
Ne vous preſſez pas tant,
Et receuez, Seigneur, vn auis important :
I'ay ſçeu qu'vn Inconnu que le Ciel fauoriſe,
Qui porte en ſon Eſcu deux Eſſes pour Deuiſe,
Apres auoir ſauué la Princeſſe & l'Eſtat,
Eſt ſans ſe découurir rentré dans le combat,
Et par vne auanture eſtrange & fauorable
En paſſant j'ay trouué cét Eſcu remarquable,

ET DE LA FORTVNE.

Et ie ne doute point que si vous le portez,
Les faits de l'Inconnu vous seront imputez.
LOTHAIRE.
I'admire ton esprit.
LAZARILLE.
La chose est fort certaine.
LOTHAIRE.
Vn autre éuenement me met beaucoup en peine :
Tu rentrois dans la ville auec le Comte pris,
Quand l'Ennemy fit ferme auecque de grands cris,
Et pour sauuer ce Prince auecque violence
Mit encore vne fois la victoire en balance :
Ce fut lors que Fernand, vn parent de Roger,
Receut vn coup de trait qui le mit en danger,
Et du sang qu'il perdoit pour arrester la course
Roger prit son mouchoir, & fit choir cette bourse.
A l'instant par bon-heur marchant dessus ses pas,
Ie la vis amasser par vn de nos Soldats ;
Et quand les ennemis sans ordre & sans conduite
Eurent esté contraints de prendre enfin la fuite,
Ie le fis appeller, & sçeus adroitement
Que la Bourse enfermoit vn riche Diamant :
Ie me le fis montrer, & plus surpris encore
Ie reconnus d'abord le Diamant d'Aurore,
Et connoissant mon nom, le Soldat m'a permis
D'emporter ce butin pour mille Escus promis :
Iuge si l'Auanture a lieu de me surprendre.
LAZARILLE.
Elle cache vn secret que ie ne puis comprendre.
LOTHAIRE.
Ie le pourray sçauoir de Roger que voicy :
Cherche le Bouclier & me rejoins icy.

SCENE V.

LOTHAIRE, ROGER, GVSMAN.

GVSMAN.

Encor que vostre Escu soit tombé dans la presse,
Cét autre vous fera connoistre à la Princesse.

ROGER.

Ie porte son anneau qui fera tout sçauoir.

GVSMAN.

Qui peut donc vous plonger dans vn chagrin si noir?

ROGER.

La perte du portrait de la diuine Aurore.

GVSMAN.

Où l'auriez-vous perdu ?

ROGER.

Moy-mesme ie l'ignore,
Par quelque effort sans doute il m'est tombé du bras:
Mais d'où vient que Lothaire adresse icy ses pas ?

LOTHAIRE.

Ie croy que la Princesse attend de vos nouuelles.

ROGER.

Ie luy feray tantost des recits bien fidelles.

LOTHAIRE.

De vos combats?

ROGER.

Sans doute.

LOTHAIRE.

Ils ont eu de l'effet?

ROGER.

Ils pourront effacer ce que vous auez fait.

LOTHAIRE.

LOTHAIRE.
De vos exploits pourtant elle fait peu de conte.
ROGER.
Cependant j'ay pris Stelle.
LOTHAIRE.
Et moy j'ay pris le Comte.
ROGER.
Aurore maintenant me doit tout son Bon-heur.
LOTHAIRE.
La prise d'vne Femme apporte peu d'Honneur.
ROGER.
Du moins celle du Comte est vn moindre auan-
 tage.
LOTHAIRE.
L'auantage est égal, mais non pas le Courage,
D'vne extréme valeur c'est vn effort dernier
Que d'auoir arresté ce Heros prisonnier.
ROGER.
Quoy que vous me disiez, ie consens à vous croire,
Ie n'eus iamais besoin d'emprunter de la Gloire;
Ie renonce à la vostre, & j'espere aujourd'huy
Que vous ne voudrez plus voler celle d'autruy.
LOTHAIRE.
Ce que vous auez fait de plus considerable
Au moindre de mes coups n'a rien de comparable;
Ie tiens tous vos exploits indignes de mon bras,
Et veux bien volontiers ne les auoüer pas :
Sçachez que sans mes soins & ma rare conduite
Barcelonne estoit prise, Aurore estoit détruite,
Et vous & vos parens estiez tous égorgez,
Si mon bras du peril ne vous eust dégagez.
ROGER.
Toutes vos Actions n'ont rien que d'ordinaire,
Et sont fort au dessous de ce qu'on m'a veu faire.

G

LES COVPS DE L'AMOVR
LOTHAIRE.
Parlez auec respect de vostre General.
ROGER.
Il faudroit m'abaisser pour estre vostre égal.
LOTHAIRE.
I'ay sauué cét Estat par ma valeur extrême.
ROGER.
Moy, j'ay sauué la vie à la Princesse mesme.
LOTHAIRE.
Vous?
ROGER.
Ouy, de son salut j'ay droit de me vanter.
LOTHAIRE.
Mais ne craignez-vous point qu'elle en puisse douter?
ROGER.
La Bague que ie garde, & que j'ay receu d'elle,
D'vn seruice si rare est le témoin fidelle.
LOTHAIRE.
Quoy, vous auez sa Bague?
ROGER.
Elle est en mon pouuoir,
Et ie l'attens icy pour la luy faire voir;
Ce discours vous surprend?
LOTHAIRE.
Ouy, mais ie me figure
Qu'il pourroit bien encor passer pour imposture.
ROGER.
Malgré vostre artifice & tout vostre Bon-heur,
D'vn seruice si grand j'auray seul tout l'Honneur,
Si-tost qu'aux yeux d'Aurore on me verra paroistre,
Pour son Liberateur ie me feray connoistre,
Et l'Anneau que ie porte a de viues clartez
Qui pourront mettre au iour toutes vos laschetez.

LOTHAIRE.

Dequoy m'accusez-vous ? l'Ame la moins commune
Peut faire son profit des coups de la Fortune,
l'ay receu quelque honneur qu'elle a sçeu vous
rauir,
Mais deuois-je me nuire afin de vous seruir?

ROGER.

Ce sont de lasches traits d'vn cœur comme le vostre
Que d'accepter le prix des seruices d'vn autre;
Aurore a jusques icy retenu mon couroux.
I'ay craint de l'affoiblir en perdant l'vn de nous :
Mais sçachez maintenant que la Guerre est finie,
Que vostre audace enfin sera bien-tost punie.

LOTHAIRE.

Quoy, pour me menacer vous estes assez vain ?
Ie vous satisferay les armes à la main.
Alors que la Princesse aux yeux de la Prouince
En me donnant la foy, m'aura fait vostre Prince,
Et qu'elle aura comblé mes souhaits les plus doux,
Ie vous feray l'Honneur de me battre auec vous.

ROGER.

Lasche, ta mort de prés suiuroit ton insolence
Si ie ne respectois Aurore qui s'auance.

SCENE VI.

AVRORE, LOTHAIRE, ROGER,
STELLE, DIANE, LE COMTE.

AVRORE.

ENfin tout eſt tranquille, & nos ſujets vnis
Auec nos differens trouuent leurs maux finis;
Et mon propre intereſt maintenant me conuie
A chercher le Heros à qui ie dois la vie.
Mais quoy? l'Eſcu fameux que Roger me fait voir
M'enſeigne pleinement ce que ie veux ſçauoir,
Et la deuiſe illuſtre en ces Armes grauée,
Me fait connoiſtre en luy le Bras qui m'a ſauuée.

LOTHAIRE.

Madame, s'il vous plaiſt de deſtourner les yeux,
Ce Bouclier encor vous en inſtruira mieux.

ROGER.

A croire vn impoſteur ſoyez plus reſeruée,
Ie portois cet Eſcu quand ie vous ay ſauuée.

AVRORE.

O Ciel, qui de vous deux pretend me deceuoir!

LOTHAIRE.

Vous voyez que l'Eſcu ſe trouue en mon pouuoir.

ROGER.

Ouy, mais pour le Combat ſe trouuant inutile
Ie l'ay laiſſé par terre aſſez loin de la Ville,
Et c'eſt injuſtement qu'il ſe l'eſt imputé.

LOTHAIRE.

O Dieux, quelle impudence & quelle fauſſeté!

AVRORE.
Auant que d'en iuger, pour n'eſtre pas ſurpriſe,
Que chacun de vous deux explique la deuiſe.
LOTHAIRE.
Cette deuiſe apprend que pour ſe rendre heureux,
Vn Courtiſan doit eſtre, & ſubtil & ſoigneux.
ROGER.
Ces Eſſes font ſçauoir qu'vn Amant qui veut plaire,
Doit eſtre également & ſoûmis & ſincere.
STELLE.
Roger l'explique mieux incomparablement.
AVRORE.
Enfin, s'il m'a ſauuée, il a mon Diamant.
LOTHAIRE *montrant le Diamant.*
Sur cette queſtion il va fort mal répondre,
Ce témoin éclatant ſuffit pour le confondre.
ROGER.
Ah! c'eſt vne impoſture, & ie puis l'auerer.
I'ay le vray Diamant que ie vay vous montrer.
GVSMAN.
Cherchez dans l'autre poche.
ROGER.
Il faut qu'il s'y rencontre.
GVSMAN.
Tirez.
ROGER.
C'eſt mon mouchoir.
GVSMAN.
Le voicy.
ROGER.
C'eſt ma Montre.
GVSMAN.
Quelque auare Démon l'aura donc emporté?

LOTHAIRE.
Il est confus, iugez de ma sincerité.
ROGER.
O Destin trop cruel !
AVRORE.
O Ciel, quelle iniustice
Empesche que Roger me rende aucun seruice !
DIANE.
Si j'osois vous parler...
AVRORE.
Vous parleriez en Sœur,
Laissez-moy rendre grace à mon Liberateur.

SCENE VII.
ET DERNIERE.
CARLOS, LOTHAIRE, AVRORE, ROGER, STELLE, LE COMTE, GVSMAN, LAZARILLE, ELVIRE, DIANE.

CARLOS à Lothaire à part.

Monseigneur, s'il vous plaist excusez la franchise,
Ie n'attens pour partir que la somme promise.
AVRORE.
Que vous veut ce Soldat ?
LOTHAIRE.
C'est vn extrauagant.
CARLOS.
On extrauague donc quand on parle d'Argent ?

LAZARILLE.
Attendez.
CARLOS.
A quoy bon tant de ceremonie,
Ay-je affaire en ces lieux où la guerre est finie?
LOTHAIRE.
Sortez.
CARLOS.
Pour vn Seigneur vous poussez lourdement:
Il me faut mille escus ou bien mon Diamant.
AVRORE.
Quel Diamant! Qu'entens-je?
LOTHAIRE.
Ha, ma peine est extrême!
CARLOS.
Celuy que vous tenez.
AVRORE.
Quoy, cet anneau?
CARLOS.
Luy mesme.
LOTHAIR
N'acheue pas.
CARLOS.
Pourquoy, ie dis la verité;
C'est de moy que tantost vous l'auez acheté.
LOTHAIRE.
Parle mieux.
CARLOS.
A mentir me voulez-vous contraindre?
LOTHAIRE.
Si...   CARLOS.
Quoy, vous menacez?
AVRORE.
Acheue sans rien craindre.

CARLOS.
Comme il roüille les yeux ! chacun me l'a bien dit,
Qu'on ne doit point aux Grands donner rien à credit.
Vn homme bien Armé dont j'eſtois aſſez proche,
En tirant ſon mouchoir, l'a fait choir de ſa poche.
AVRORE.
Quel homme eſtoit-ce encor ?
CARLOS.
Ie ne ſçay qu'en iuger,
Vn de ſes gens m'a dit qu'on l'appelle Roger :
Mais il faudroit parler de me payer ma ſomme.
AVRORE.
Eluire, prenez ſoin de contenter cet Homme.
LE COMTE.
On ne peut ſoupçonner ce témoin ingenu.
STELLE.
Voſtre vray defenſeur ceſſe d'eſtre inconnu.
AVRORE.
Ouy, Roger, ie vous dois ma vie & ma Victoire,
Perdez de mes rebuts la honteuſe memoire :
Par de iuſtes faueurs dignes de voſtre prix,
Ie pretens reparer ces injuſtes mépris.
LOTHAIRE.
O Sort ! j'aprens icy quelle eſt ton inconſtance.
AVRORE.
Receuez de ma main cet Eſcrin par auance.
ROGER.
L'honneur de vous ſeruir me rend trop ſatisfait,
Ie ne doy pas reprendre vn preſent que j'ay fait.
AVRORE.
Ce Cofret toutesfois m'eſt venu de Lothaire.
LOTHAIRE.
Il veut faire vn preſent qui ne luy coûte guere.

ET DE LA FORTVNE. 81

ROGER.
Il vous pourroit couster plus que vous ne pensez,
Vostre orgueil doit finir, mes malheurs sont passez.
AVRORE.
Roger, en sa faueur j'ay des marques secrettes,
Ie ne puis démentir ses Vers & ses Tablettes.
ROGER.
Ces Témoins sont pour moy ; Madame, il est certain
Que ces Vers rencontrez sont escrits de ma main.
STELLE.
De Lothaire en ce cas confrontez l'écriture.
DIANE.
Dans sa confusion l'on voit son imposture.
LOTHAIRE.
O du cruel Destin reuers trop rigoureux !
AVRORE.
Que ce succez, Diane, est conforme à mes vœux !
Lothaire cependant m'a sauué de la flame :
Cette obligation touchoit beaucoup mon ame ;
Que pouuoit-il pretendre en voulant m'abuser ?
LOTHAIRE.
Ie suis Amant, Madame, & l'on doit m'excuser.
AVRORE *luy donnant son Portrait.*
Sans doute le seruice est plus grand que l'offence,
Iugez par ce present de ma reconnoissance.
ROGER.
Ce portrait est à moy, Madame, assurément.
AVRORE *à Lothaire.*
Seroit-il point à vous ?
LOTHAIRE.
Nullement, nullement.
ROGER.
Le Prince d'Arragon me l'a donné luy-mesme.

DIANE.
N'en doutez point, Madame.
AVRORE.
Ah ! ma joye est extréme.
ROGER.
En vous sauuant des feux ie l'auray laissé choir,
Et ces rubans bruslez vous le font assez voir.
AVRORE.
Il suffit, il suffit, Heros incomparable,
Ie voy trop à quel poinct ie vous suis redeuable,
Aprés ces grands effets d'Amour & de Valeur,
Ie ne vous dois pas moins que mon Sceptre & mon
    Cœur.
STELLE.
Il est iuste, ma Sœur, qu'vn heureux Hymenée
Ioigne à iamais son Sort à vostre Destinée.
AVRORE.
Aprés ce que pour moy son Courage a tenté,
Ie confesse estre vn prix qu'il a trop merité.
ROGER.
Dans l'excez de ma joye excusez mon silence.
AVRORE.
Ie m'offre auec plaisir pour vostre recompensé.
LOTHAIRE.
Quoy, Madame, à mes yeux...
AVRORE.
Quoy, vous en murmurez?
Vous m'obligerez fort si vous vous retirez,
Allez porter ailleurs vos lasches artifices.
LOTHAIRE *en se retirant.*
Fortune qui me perds ! voicy de tes caprices.
AVRORE.
Allons tous dans le Temple, en ce Iour bien-heureux
De cét Hymen celebre acheuer les doux nœuds;

Et benir hautement, & d'vne voix commune,
Et LES COVPS DE L'AMOVR ET CEVX DE
LA FORTVNE.

Fin du cinquiéme & dernier Acte.

www.ingramcontent.com/pod-product-compliance
Lightning Source LLC
LaVergne TN
LVHW050555090426
835512LV00008B/1166